日商
プログラミング検定

STANDARD

公式ガイドブック VBA

日本商工会議所プログラミング検定研究会編

はじめに

　AI、IoT など IT 利活用の高度化・多様化により第 4 次産業革命が進行するなか、小学校からの必修化や大学入学共通テストにおける導入をはじめ、プログラミング教育が大きな注目を集めております。企業活動においては、IT 需要の増大により IT 企業の人材不足が深刻化しており、ユーザー企業においても IT スキルを持つ人材がいないことが大きな経営課題となっております。

　こうした状況を踏まえ、日本商工会議所では、情報技術の基盤となるプログラミングスキルの習得を促進・支援するとともに、企業の IT 化支援および IT リテラシー強化に資することを目的として「日商プログラミング検定試験」を創設いたしました。

　同検定は、基本的なプログラミングスキルの習得を支援するもので、年齢、職業等を問わず幅広く多くの方々に学習・受験いただける試験としており、学習の進捗度に応じて初学者から段階的に受験できるよう 4 つのレベルを設定しております。このうち STANDARD レベルは、プログラミングに関する基本知識・スキルを問う内容となっており、実践的な試験とするよう言語別に、プログラミングに関する知識を問う「知識科目」に加え、設定された課題をプログラミングする「実技科目」で構成されております。

　本書は同検定「STANDARD」の受験に際し、身につけていただきたい知識・スキルを提示・解説し、効率的に学習を進めていただく一助となるよう作成した公式ガイドブックです。

　本書を検定試験合格への「道標」としてご活用いただくとともに、習得した知識やスキルを活かして、実社会においてますますご活躍されることを願ってやみません。

2019 年 5 月
日本商工会議所

▍日商プログラミング検定について

　日商プログラミング検定とは、日本商工会議所・各地商工会議所が主催するプログラミングに関する検定で、IT 人材の育成に資するため、プログラミングに関する基本知識・スキルを体系的に習得する機会や学習支援の仕組みを提供するとともに、習得レベルを測定・認定する、新たな検定試験・認定制度です。

　試験概要、各レベルの試験内容は次のとおりです。

試験概要

受験資格	制限なし
試験方式	インターネットを介して試験の実施、採点、合否判定を行うネット試験
試験日	試験会場で随時受験が可能（試験会場が日時を指定）
申込方法	受験を希望するネット試験会場へ直接申し込み https://links.kentei.ne.jp/organization/
受験料（税別）	ENTRY　3,000 円　　BASIC　4,000 円　　STANDARD　5,000 円

試験内容

	ENTRY（エントリー）	BASIC(ベーシック)	STANDARD（スタンダード）
出題形式 試験時間	択一知識問題　30 分	択一知識問題　40 分	択一知識問題　30 分 プログラミング実技　30 分
合格基準	70 点以上	70 点以上	知識科目　70 点以上 実技科目　3 問完答
言語	Scratch (Scratch3.0 に対応)	言語によらない	Java、C 言語、VBA

STANDARD の試験範囲・学習項目

　STANDARD 試験は、言語ごと（Java 、C 言語、VBA）に実施され、択一知識問題とプログラミング実技問題（全 3 問）で構成されます。それぞれの試験範囲・学習項目は次のとおりです。

Java	C 言語	VBA
1. 値とリテラル 2. 変数とデータ型 3. Java API 4. 分岐 5. 繰返し 6. 一次元配列	1. 値とリテラル 2. 変数とデータ型 3. 分岐 4. 繰返し 5. 一次元配列 6. 文字列 7. ポインタ 8. いろいろな関数	1. 値とリテラル 2. 変数とデータ型 3. 分岐 4. 繰返し 5. 一次元配列 6. シート 7. 主な Excel 関数と VBA 関数

★択一知識問題サンプル画面

以下のプログラムの説明で最も適切なものを選択せよ。

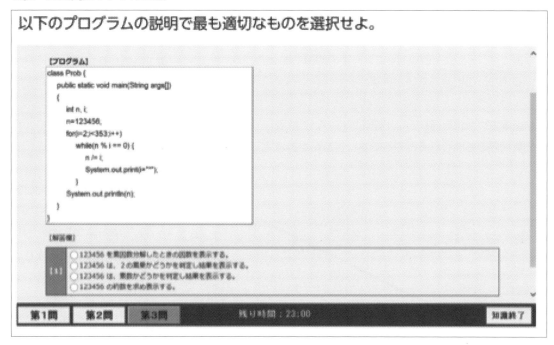

★プログラミング実技問題サンプル画面

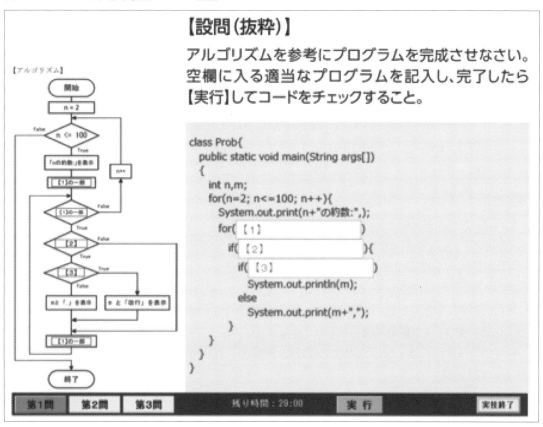

【設問（抜粋）】

アルゴリズムを参考にプログラムを完成させなさい。
空欄に入る適当なプログラムを記入し、完了したら
【実行】してコードをチェックすること。

本書の使い方

　本書は、日商プログラミング検定 STANDARD（VBA）の対策教材です。

　本書では、Excel VBA に関する一定の知識をもった方向けに、どのような論点が出題範囲になっているのか、ご紹介していきます。

　論点解説や例題を通じて、出題範囲について解説しています。太字の部分はキーワードであり、択一知識問題でも問われるところです。きちんとおさえておくようにしましょう。

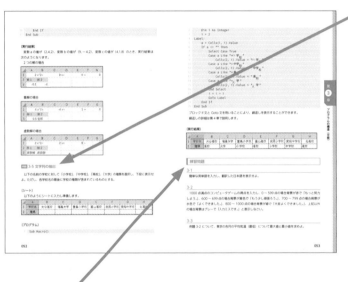

例題

実際に Excel を起動して、プログラムを入力し、〔実行結果〕のとおりになるかどうか、確認してみましょう。(Windows 版 Excel 2016 対応)

練習問題

　章末には、練習問題がついています。実際にプログラムを作成してみましょう。巻末には略解がついていますので、参考にしてください。

★読者サポート

　日商プログラミング検定では、下記の公式ページにおいて、サンプル問題や、受験方法（試験会場の検索）など、試験全般に役立つ情報を掲載しておりますので、ぜひ、参考にしてください。

　https://www.kentei.ne.jp/pg

　また、本書につきまして、以下のカラー図版ほか、随時、必要な追加情報を下記ページに掲載していきますので、試験前に確認しておきましょう。

　掲載カラー図版：図 1-6 ColorIndex 番号、例題 1-1 実行結果、例題 6-2 実行結果、練習問題 3-2 実行結果

　https://bookstore.tac-school.co.jp/pages/download_service/

Contents

プログラムの構造（分岐） 38

プログラムの構造（繰返し） 54

一次元配列 74

第 1 章

VBAプログラミングの
開始

　マイクロソフト社製、表計算ソフトウェア Excel（以下、Excel という）で用いられているプログラミング言語 Visual Basic for Applications（以下、VBA という）によるプログラミング方法を学んでいきましょう。VBA は、Excel のマクロ言語[1]として提供されている言語ですが、Basic としての構文を一通り備えており、本格的なプログラミングをすることができます。

プログラミング言語 Basic

　一般の問題を解決するためにコンピュータ上で情報処理をする道具として、様々なプログラミング言語が開発されています。プログラミング言語 Basic は、1964 年に米国ダートマス大学にて学習用プログラミング言語として開発されました。その後、1970 年代後半より **PC**（Personal Computer）が一般に広まるにつれて PC に搭載された標準的プログラミング言語となり、主にマイクロソフト社において文法やライブラリ等、機能拡張されてきました。プログラミング言語 Basic としては、現在では同社が開発した Visual Basic が、広く用いられるようになっています。その中でも Excel のマクロ言語としての VBA が多く用いられています。VBA は、Excel の処理や機能をまとめる役割として、Basic を拡張したプログラミング言語です。

プログラミングの開始

　VBA は、Excel のマクロ言語としてプログラミングすることができますので、まず Excel を起動しましょう。

---

1 ： VBA は、最近ではマイクロソフト社製の様々なソフトウェアでマクロ言語として採用されていますが、本書では Excel のマクロ言語としてプログラミングします。

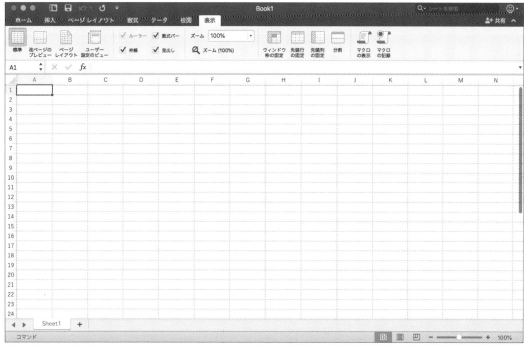

図 1-1 Excel の起動

　「表示」→「マクロ」→「マクロの記録」を選び、Excel 上での操作をマクロとして記録します。
記録中は以下の操作を行い、セル A1 ～ A10 に 1 ～ 10 の数字を入力します。

1. 最初にセル A1 に 1、A2 に 2 を入力します。
2. A1:A2 ブロックをまとめて選択し右下をドラッグします。
3. A10 まで引き伸ばします。

以上で図 1-3 のように A1:A10 ブロックが選択され、数字が入りました。

図 1-2 マクロの定義

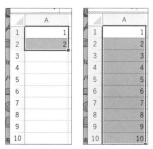

図 1-3 1 ～ 10 までの入力

「表示」→「マクロ」→「記録終了」を選びマクロの記録を終了します。以上で一連の操作がマクロとして記録されました。次に、記録内容を表示するためには、まず、**「表示」→「マクロ」→「マクロの表示」**を選び［マクロ］ダイアログから「Macro1」等のマクロを選択し、［編集］ボタンを押します。すると、「VBE（Visual Basic Edtor）」ウィンドウが開き、プログラムを表示します。

すると、以下のように、Excel上での操作が自動的にプログラムとして生成されたことがわかります。

```
1   Sub Macro1()
2   '
3   ' Macro1 Macro
4   '
5
6   '
7       Range("A1").Select
8       ActiveCell.FormulaR1C1 = "1"
9       Range("A2").Select
10      ActiveCell.FormulaR1C1 = "2"
11      Range("A1:A2").Select
12      Selection.AutoFill Destination:=Range("A1:A10"), Type:=xlFillDefault
13      Range("A1:A10").Select
14  End Sub
```

セル A1 ～ A10 に順に 1 ～ 10 の値を入力する操作は、上記プログラムで表現することができます。ここで、マクロとしてのプログラムは、以下のように記述します。

```
Sub ＜マクロ名＞
  ＜マクロの本体＞
End Sub
```

Sub ＜マクロ名＞から始まり、End Sub で終わります。Sub で始まるプログラムを**副手続き**(Sub Procedure)[2]といいます。ここでは、自動的に Macro1 という名前がつきました。上記のマクロは、概ね以下の手続きを示しています。

1. セル A1 を選択する。
2. セル A1 に数値 1 を入力する。
3. セル A2 を選択する。
4. セル A2 に数値 2 を入力する。
5. ブロック A1:A2 を選択する。
6. ブロック A1:A2 をブロック A1:A10 に拡張する。
7. ブロック A1:A10 を選択する。

プログラムの意味を理解すれば、プログラムの実行を想像することができるでしょう。では、実際にプログラムを実行してみましょう。

---

2 ： 副手続きの原語は Sub Procedure であり、「Sub プロシージャ」と訳す場合もあります。

最初に、セルの値をクリアした（図1-4の左図）後、「Visual Basic for Applications」を編集する画面であるVBE（Visual Basic Editor）ウィンドウにおいて[3]、**「実行」 → 「Sub ／ユーザフォームの実行」**を選択し、プログラムを実行します。また、Excel画面より、**「表示」 → 「マクロの表示」**を選択し、［マクロ］ダイアログから「Macro1」等のマクロを選択し、「実行」ボタンを押しても実行可能です。プログラムを実行すると、記録した操作を簡単にそのまま実行することができます。

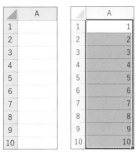

図 1-4 プログラムの実行前後

以上で、VBAプログラムである副手続きMacro1を定義（自動生成）し、実行することができました。副手続きMacro1が、実際に操作した処理を表していることを確認しましょう。

プログラムの改変

次に、前節で自動生成したプログラムを改変して新たに副手続きMacro1を作成してみましょう。まず、シート（Sheet1）上に以下のように入力します。

	A	B	C	D	E	F
1		英語	国語	数学	合計	平均
2	佐藤	78	67	88		
3	加藤	54	87	34		
4	鈴木	98	85	90		
5	田中					
6	合計					
7	平均					

副手続きMacro1を改変し以下のプログラムを入力します。このプログラムでは、Rangeプロパティと**代入演算子**（assignment operator）を用います。

```
1   Sub Macro1()
2       Range("B5").Value = 48
3       Range("C5").Value = 68
4       Range("D5").Value = 75
```

---

3 ： ALT+F11によっても「Visual Basic for Applications」ウィンドウ（VBEウィンドウという）が出現します。

```
 5        Range("E2").Value = "=SUM(B2:D2)"
 6        Range("E3").Value = "=SUM(B3:D3)"
 7        Range("E4").Value = "=SUM(B4:D4)"
 8        Range("E5").Value = "=SUM(B5:D5)"
 9        Range("F2").Value = "=AVERAGE(B2:D2)"
10        Range("F3").Value = "=AVERAGE(B3:D3)"
11        Range("F4").Value = "=AVERAGE(B4:D4)"
12        Range("F5").Value = "=AVERAGE(B5:D5)"
13        Range("B6").Value = "=SUM(B2:B5)"
14        Range("C6").Value = "=SUM(C2:C5)"
15        Range("D6").Value = "=SUM(D2:D5)"
16        Range("B7").Value = "=AVERAGE(B2:B5)"
17        Range("C7").Value = "=AVERAGE(C2:C5)"
18        Range("D7").Value = "=AVERAGE(D2:D5)"
19   End Sub
```

	A	B	C	D	E	F
1		英語	国語	数学	合計	平均
2	佐藤	78	67	88	233	77.667
3	加藤	54	87	34	175	58.333
4	鈴木	98	85	90	273	91
5	田中	48	68	75	191	63.667
6	合計	278	307	287		
7	平均	69.5	76.75	71.75		

図 1-5 プログラムと実行結果

　Range(セル).Value により「扱うセル (Range)」と「扱う属性 (今回の場合は『値 (Value)』)」を指定できます。そして、代入演算子 = により、値または、Excel 数式を文字列として入力することができます。簡単な Excel 数式（関数）"=SUM(ブロック)" や "=AVERAGE(ブロック)" などもプログラムを実行して入力することができます。

　図 1-5 のプログラムを実行すると田中さんの得点と、佐藤さん、加藤さん、鈴木さん、田中さんの各得点の合計点、平均点と、各科目の合計点、平均点を求めることができました。

シートと Range プロパティ、Cells プロパティ

　セルはシート上にありますので、本来は、次のように、シート名を直接指定します。

```
WorkSheets("Sheet1").Range("B2").Value = 10
```

　そのため、Range("B2") の部分は、Worksheets に対する属性を示し、Range プロパティ (property)[4]といいます。

---

4 ： プロパティとは属性と訳します。

　シート上のセルを示すためには、Range プロパティまたは、Cells プロパティを用います。Range プロパティは Range("A2")、Range("E5") のように Excel でよく用いる形式（A1 形式）で指定します。Cells プロパティは、Cells(2,1)、Cells(5,5) のように行、列につき、数字を用いて示します。

Value プロパティ、Formula プロパティ

　セルの位置の指定に続き、実際にセルに値を入力するためには、Value プロパティまたは、Formula プロパティを用います。たとえば、

```
Range("A4").Value = 7
```

や、

```
Cells(5,3).Formula = "=SUM(A1:E1)"
```

のように記述します。Formula プロパティは、数式を入力する場合にも用います。FormulaR1C1 プロパティについては後述します[5]。

注釈

　プログラムの中に説明を記述することができます。これを**注釈**（comment）といいます。注釈を入れる場合、行の先頭でアポストロフィ（'）または Rem と記述します。アポストロフィまたは、**Rem 文**（Rem statement）以下の行全体が注釈となります。

　たとえば、下記のように先頭に記述すると、4 行目の Range プロパティの指定は無視され、実行されません。

```
1   Sub Macro1()
2   Rem 注釈の挿入
3   Rem ここにプログラムの説明を記述します。
4   Rem   Range("B5").Value = 48
5       Range("C5").Value = 68
6       Range("D5").Value = 75
7       Range("E2").Value = "=SUM(B2:D2)"
8       Range("E3").Value = "=SUM(B3:D3)"
9       Range("E4").Value = "=SUM(B4:D4)"
10      Range("E5").Value = "=SUM(B5:D5)"
11      Range("F2").Value = "=AVERAGE(B2:D2)"
12      Range("F3").Value = "=AVERAGE(B3:D3)"
13      Range("F4").Value = "=AVERAGE(B4:D4)"
14      Range("F5").Value = "=AVERAGE(B5:D5)"
```

---

5 ： 本書では、数式を文字列として入力する場合は Value プロパティを用います。

```
15      Range("B6").Value = "=SUM(B2:B5)"
16      Range("C6").Value = "=SUM(C2:C5)"
17      Range("D6").Value = "=SUM(D2:D5)"
18      Range("B7").Value = "=AVERAGE(B2:B5)"
19      Range("C7").Value = "=AVERAGE(C2:C5)"
20      Range("D7").Value = "=AVERAGE(D2:D5)"
21   End Sub
```

　本書では、プログラムの説明はプログラム中ではなく、本文中で説明しますので注釈は原則として記述しないことにします。

色について

　コンピュータが表示することができる色は、RGB（Red ＜赤＞、Green ＜緑＞、Blue ＜青＞、光の3原色）を基に、色を混ぜ合わせて指定します。たとえば、8色指定する場合は、各 RGB の色が「光っている場合」と「光っていない場合」が考えられ、以下の8色を指定することができます。各 RGB に対して0は「光っていない場合」、1は「光っている場合」を示します。

番号	赤	緑	青	色
0	0	0	0	黒
1	0	0	1	青
2	0	1	0	緑
3	0	1	1	空
4	1	0	0	赤
5	1	0	1	紫
6	1	1	0	黄
7	1	1	1	白

　8色の場合は、上記のように0～7の番号をふることができます。現在のコンピュータでは、さらに各 RGB の色に対して、0～255（256段階）の濃淡を指定することができます。各 RGB の色に関して、$2^8=256$ 段階の濃淡を指定することができ、全体として $2^{24}=2^8 \times 2^8 \times 2^8=16777216$ 色（24ビット）を指定することができます。これを**フルカラー**（full color）といい、以下のように記述します。

RGB(R ＜赤＞の指定（0～255）,G ＜緑＞の指定（0～255）,B ＜青＞の指定（0～255）)

　この RGB 値を使った色の指定は、RGB 関数の計算結果を Color プロパティに代入することで可能です。
　また、Excel ではブックごとに56色の基本色が決められているため、ColorIndex プロパティに1～56の値を指定することで、より簡単に色を指定することもできます。

ColorIndex	色	10進数:RGB(赤, 緑, 青)	ColorIndex	色	10進数:RGB(赤, 緑, 青)	ColorIndex	色	10進数:RGB(赤, 緑, 青)
1		RGB(0,0,0)	23		RGB(0,102,204)	45		RGB(255,153,0)
2		RGB(255,255,255)	24		RGB(204,204,255)	46		RGB(255,102,0)
3		RGB(255,0,0)	25		RGB(0,0,128)	47		RGB(102,102,153)
4		RGB(0,255,0)	26		RGB(255,0,255)	48		RGB(150,150,150)
5		RGB(0,0,255)	27		RGB(255,255,0)	49		RGB(0,51,102)
6		RGB(255,255,0)	28		RGB(0,255,255)	50		RGB(51,153,102)
7		RGB(255,0,255)	29		RGB(128,0,128)	51		RGB(0,51,0)
8		RGB(0,255,255)	30		RGB(128,0,0)	52		RGB(51,51,0)
9		RGB(128,0,0)	31		RGB(0,128,128)	53		RGB(153,51,0)
10		RGB(0,128,0)	32		RGB(0,0,255)	54		RGB(153,51,102)
11		RGB(0,0,128)	33		RGB(0,204,255)	55		RGB(51,51,153)
12		RGB(128,128,0)	34		RGB(204,255,255)	56		RGB(51,51,51)
13		RGB(128,0,128)	35		RGB(204,255,204)			
14		RGB(0,128,128)	36		RGB(255,255,153)			
15		RGB(192,192,192)	37		RGB(153,204,255)			
16		RGB(128,128,128)	38		RGB(255,153,204)			
17		RGB(153,153,255)	39		RGB(204,153,255)			
18		RGB(153,51,102)	40		RGB(255,204,153)			
19		RGB(255,255,204)	41		RGB(51,102,255)			
20		RGB(204,255,255)	42		RGB(51,204,204)			
21		RGB(102,0,102)	43		RGB(153,204,0)			
22		RGB(255,128,128)	44		RGB(255,204,0)			

図 1-6 ColorIndex 番号

値とリテラル

コンピュータ内部では常に 2 進数として表現する値は、プログラミング言語では、一般に用いる値より多くの種類を表現することができます。たとえば、同じ 0 と 1 の並びであっても、整数として用いれば整数の値（以下、整数値という）、実数として用いれば実数の値（以下、実数値という）となります。このように 0 と 1 の並びのデータによって直接表現される値を**基本値**（basic value）といいます。

基本値には他に、**真**（True）と**偽**（False）を表す**論理値**（logical value）があります。

定数は、様々な表現が用意されています。プログラム中で定数の表記法を**リテラル**（riteral）といいます。

〔整数リテラル〕

10 進法、8 進法、16 進法、2 進法のいずれかで表現します。

- 10 進法表現（10 進数）：10 進法で表します。

例) 26

- 8 進法表現（8 進数）：接頭辞「&O」の後に 8 進法で表します。

例) &O32

- 16 進法表現（16 進数）：接頭辞「&H」の後に 16 進法で表します。

例）&H1A

〔浮動小数点リテラル〕

「E」を用いて浮動小数点数を表すこともできます（「1.234×10^2」は「1.234E2」）。

- 浮動小数点表現

例）1.2345E-20

〔論理値リテラル〕

真は True、偽は False と表します。

〔特殊文字〕

その他、次の特殊文字を用いることができます。これらを**エスケープシーケンス**（escape sequence）といいます。

エスケープシーケンス	意味
vbTab	タブ（tab）
vbCrLf	復帰改行（carriage return and line feed）[6]
vbCr	復帰（carrige return）
vbFormFeed	送り（form feed）
vbLf	改行（line feed）
vbNullChar	空文字（null character）

〔文字列リテラル〕

文字の並びを「"」で囲んで表します[7]。

例）"Visual Basic for Applications"

〔文字コード〕

Chr(文字コード)

例）Chr(0)、Chr(&H42)

Chr(0) は vbNullChar と表すこともできます。

6： 一般にいわれている「改行」はカーソルを次の行に移動し（改行）、先頭に持ってくる（復帰）ので「復帰改行」といいます。

7： 文字列は基本値ではありません。文字列のように任意のサイズをとりうる値は、別の場所にデータを用意し、その場所を示す「参照値」を値の代わりにします。この参照値は「StrPtr（文字列）」で調べることが可能です。また「初期化状態の文字列」を表すリテラルとしては「vbNullString」（空文字列）があります。

アスキーコード表

コンピュータで処理する際に、文字も 0 と 1 の並び（2 進数）で表されます。現在のコンピュータでは、漢字をはじめとして世界各国の文字を表現することができますが、最も基本となるアルファベットや数字、記号、**制御文字**（control character）をどのような 2 進数で表現するかを規定したものをアスキーコード表といいます。各文字に対応する値を**文字コード**（character code）といいます。アスキーコード表では、以下のように、0 から 127（16 進数 7F）までの文字を定義しています。0 から 127 で表していますので、128＝2^7通りの 7 ビットで表します。

JIS（カタカナを含む 256 文字）（日本工業規格、Japanese Industrial Standards）、**ANSI**（American National Standards Institute）、**ISO**（International Organization for Standardization）においても同様の表を規定しています。表としては、文字コードを 16 進数で示しています。

	0	1	2	3	4	5	6	7
0	NUL	DLE	SP	0	@	P	`	p
1	SOH	DC1	!	1	A	Q	a	q
2	STX	DC2	"	2	B	R	b	r
3	ETX	DC3	#	3	C	S	c	s
4	EOT	DC4	$	4	D	T	d	t
5	ENQ	NAC	%	5	E	U	e	u
6	ACK	SYN	&	6	F	V	f	v
7	BEL	ETB	'	7	G	W	g	w
8	BS	CAN	(	8	H	X	h	x
9	HT	EM	)	9	I	Y	i	y
A	LF/NL	SUB	*	:	J	Z	j	z
B	VT	ESC	+	;	K	[	k	{
C	FF	FS	,	<	L	¥	l	|
D	CR	GS	-	=	M	]	m	}
E	SO	RS	.	>	N	^	n	~
F	SI	US	/	?	O	_	o	DEL

図 1-7 アスキーコード表

欧米では、¥（円マーク）は、\（バックスラッシュ）で表します。

文字コード 0 〜 1F（16 進数）および、7F（16 進数）は制御文字といい、コンピュータ上での制御のために用います。

アスキーコードは、ISO646、JISX0201、ISO8859 の基になった文字コード表です。

制御文字は、エスケープシーケンスで表すことができます。たとえば、文字コード 0 の NUL は、Chr(0)、vbNullChar で表し、文字コード 9 の HT は、horizontal tab、水平タブのことであり、vbTab で表します。

■ デバッグについて

　プログラミングでは曖昧な表現はできないので、各キーワード、命令は正確に記述しなければなりません。たとえば、図1-5のプログラムでピリオド（.）を記述しなかった場合は、以下のウィンドウが出現し、プログラムを実行することができません。ピリオドを記述しなかった行には色が付きます。

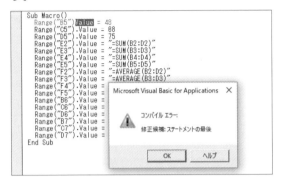

　このような場合は、色のついた行に注目して修正箇所を探し、修正します。修正後、再度プログラムを実行し（継続）実行結果を確かめます。以上のように、プログラムを修正し、正しいプログラムを作成することをデバッグ（debug）といいます[8]。

■ ステップイン実行

　VBAでは、以下のVBEウィンドウ上でプログラムを実行する際に、「デバッグ」→「ステップイン」を選ぶ（F8を押す）ことにより、プログラムを1行ずつ実行することができます（ステップイン実行）。これはデバッグの際に役に立ちます。
　ステップイン実行は非常に便利な機能なので初心者は是非マスターしましょう。
　さらに、次章から紹介する変数の値を表示したい場合は、「表示」→「ウォッチウィンドウ」を選び、ステップイン実行時の変数の値を表示することができます（第2章で説明します）。

---

8 ： バグ（bug）は虫を意味しプログラムの誤りを示します。虫を捕り誤りを修正するので、デバッグ（debug）といいます。

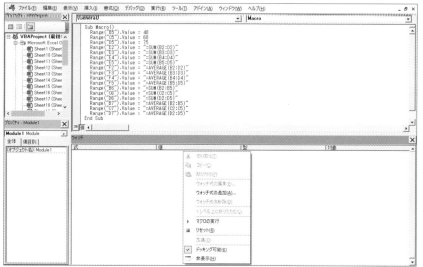

図 1-8　ウォッチ式の追加

例題 1-1 漢字の表示

プログラムを実行することによって、以下のように漢字を表示せよ。

〔実行結果〕

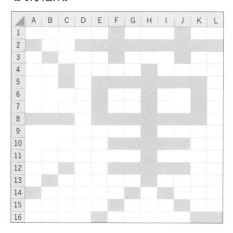

1. Cells プロパティおよび Range プロパティにより、「背景色を指定する」セルの位置を示します。
2. さらに、セルに色を指定するために Cells プロパティに Interior.ColorIndex をつけ、3 番の色（赤）を指定します。

〔プログラム〕[9]

```
1    Sub Macro()
```

---

9 ： プログラムが縦に長くなるので、「:」（コロン）を使って、2 行の文を 1 行に記述しています。くわしくは第 2 章で説明します。

```
 2      Cells(1, 6).Interior.ColorIndex = 3: Cells(1, 10).Interior.ColorIndex = 3
 3      Cells(2, 1).Interior.ColorIndex = 3: Range("D2:L2").Interior.ColorIndex = 3
 4      Cells(3, 2).Interior.ColorIndex = 3: Cells(3, 6).Interior.ColorIndex = 3
 5      Cells(3, 10).Interior.ColorIndex = 3: Cells(4, 3).Interior.ColorIndex = 3
 6      Cells(4, 8).Interior.ColorIndex = 3: Cells(5, 3).Interior.ColorIndex = 3
 7      Range("E5:K5").Interior.ColorIndex = 3: Cells(6, 5).Interior.ColorIndex = 3
 8      Cells(6, 8).Interior.ColorIndex = 3: Cells(6, 11).Interior.ColorIndex = 3
 9      Cells(7, 5).Interior.ColorIndex = 3: Cells(7, 8).Interior.ColorIndex = 3
10      Cells(7, 11).Interior.ColorIndex = 3: Range("A8:C8").Interior.ColorIndex = 3
11      Range("E8:K8").Interior.ColorIndex = 3: Cells(9, 8).Interior.ColorIndex = 3
12      Range("F10:J10").Interior.ColorIndex = 3: Cells(11, 8).Interior.ColorIndex = 3
13      Cells(12, 3).Interior.ColorIndex = 3: Range("F12:J12").Interior.ColorIndex = 3
14      Cells(13, 2).Interior.ColorIndex = 3: Cells(13, 8).Interior.ColorIndex = 3
15      Cells(14, 1).Interior.ColorIndex = 3: Cells(14, 7).Interior.ColorIndex = 3
16      Cells(14, 9).Interior.ColorIndex = 3: Cells(15, 6).Interior.ColorIndex = 3
17      Cells(15, 10).Interior.ColorIndex = 3: Cells(16, 5).Interior.ColorIndex = 3
18      Range("K16:L16").Interior.ColorIndex = 3
19  End Sub
```

例題 1-2 平均気温

東京の各月の平均気温（最高／最低）は以下の表の通りである。この表をシートに入力し、1年の平均気温を求めよ（最高／最低）。

〔東京の平均気温（℃）〕

	1月	2月	3月	4月	5月	6月	7月	8月	9月	10月	11月	12月
最高	10	10	13	19	23	26	30	31	27	22	17	12
最低	2	2	5	10	15	19	23	24	21	15	9	4

〔シート〕

以下のように、シートに入力し準備します。

▲	A	B	C	D	E	F	G	H	I	J	K	L	M	N	O
1	東京の平均気温（℃）														
2		1月	2月	3月	4月	5月	6月	7月	8月	9月	10月	11月	12月		
3	最高														
4	最低														

〔プログラム〕

```
1  Sub Macro()
2      Range("B3").Value = 10: Range("B4").Value = 2
3      Range("C3").Value = 10: Range("C4").Value = 2
4      Range("D3").Value = 13: Range("D4").Value = 5
5      Range("E3").Value = 19: Range("E4").Value = 10
```

```
6        Range("F3").Value = 23: Range("F4").Value = 15
7        Range("G3").Value = 26: Range("G4").Value = 19
8        Range("H3").Value = 30: Range("H4").Value = 23
9        Range("I3").Value = 31: Range("I4").Value = 24
10       Range("J3").Value = 27: Range("J4").Value = 21
11       Range("K3").Value = 22: Range("K4").Value = 15
12       Range("L3").Value = 17: Range("L4").Value = 9
13       Range("M3").Value = 12: Range("M4").Value = 4
14       Range("N2").Value = " 平均 "
15       Range("N3").Formula = "=AVERAGE(B3:M3)"
16       Range("N4").Formula = "=AVERAGE(B4:M4)"
17   End Sub
```

Range プロパティを用いて、各セルに数字（気温）と、数式（AVERAGE 関数）を代入します。結果として、年間の平均気温（最高／最低）を計算することができます。

このように Range プロパティを用いるとセルに値や数式を入力することができます。

〔実行結果〕

	A	B	C	D	E	F	G	H	I	J	K	L	M	N
1	東京の平均気温（℃）													
2		1月	2月	3月	4月	5月	6月	7月	8月	9月	10月	11月	12月	平均
3	最高	10	10	13	19	23	26	30	31	27	22	17	12	20
4	最低	2	2	5	10	15	19	23	24	21	15	9	4	12.42

例題 1-3 成績処理

簡単な成績処理をする表を作成せよ。4 人の学生（佐藤さん、加藤さん、鈴木さん、田中さん）の英語、国語、数学の得点を入力し、各科目の合計点、平均点、各学生の合計点、平均点、評価（90 点以上は A⁺、80 点以上は A、70 点以上は B、60 点以上は C、それ以外は D）を計算し表示せよ。

右側には、評価と対応する学生の人数を示した表を作成せよ。

〔シート〕

以下のように素点と評価をシートに入力し準備します。

	A	B	C	D	E	F	G	H	I	J	K
1		英語	国語	数学	合計	平均	評価			評価	人数
2	佐藤	78	67	88						A+	
3	加藤	54	87	34						A	
4	鈴木	98	85	90						B	
5	田中	48	68	75						C	
6	合計									D	
7	平均										

〔プログラム〕

```
1    Sub Macro()
```

```
2      Range("B5").Value = 48: Range("C5").Value = 68
3      Range("D5").Value = 75
4      Range("E2").Value = "=SUM(B2:D2)": Range("E3").Value = "=SUM(B3:D3)"
5      Range("E4").Value = "=SUM(B4:D4)": Range("E5").Value = "=SUM(B5:D5)"
6      Range("F2").Value = "=AVERAGE(B2:D2)"
7      Range("F3").Value = "=AVERAGE(B3:D3)"
8      Range("F4").Value = "=AVERAGE(B4:D4)"
9      Range("F5").Value = "=AVERAGE(B5:D5)"
10     Range("B6").Value = "=SUM(B2:B5)"
11     Range("C6").Value = "=SUM(C2:C5)"
12     Range("D6").Value = "=SUM(D2:D5)"
13     Range("B7").Value = "=AVERAGE(B2:B5)"
14     Range("C7").Value = "=AVERAGE(C2:C5)"
15     Range("D7").Value = "=AVERAGE(D2:D5)"
16     Range("G2").Value = _
17       "=IF(F2>=90,$J$3,IF(F2>=80,$J$4,IF(F2>=70,$J$5,IF(F2>=60,$J$6,$J$7))))"
18     Range("G3").Value = _
19       "=IF(F3>=90,$J$3,IF(F3>=80,$J$4,IF(F3>=70,$J$5,IF(F3>=60,$J$6,$J$7))))"
20     Range("G4").Value = _
21       "=IF(F4>=90,$J$3,IF(F4>=80,$J$4,IF(F4>=70,$J$5,IF(F4>=60,$J$6,$J$7))))"
22     Range("G5").Value = _
23       "=IF(F5>=90,$J$3,IF(F5>=80,$J$4,IF(F5>=70,$J$5,IF(F5>=60,$J$6,$J$7))))"
24     Range("K3").Value = "=COUNTIF(G$2:G$5,J3)"
25     Range("K4").Value = "=COUNTIF(G$2:G$5,J4)"
26     Range("K5").Value = "=COUNTIF(G$2:G$5,J5)"
27     Range("K6").Value = "=COUNTIF(G$2:G$5,J6)"
28     Range("K7").Value = "=COUNTIF(G$2:G$5,J7)"
29   End Sub
```

　4行目から9行目で各学生の得点の合計点と平均点を求め、10行目から15行目で各科目の合計点と平均点を求めています。16行目から23行目では右側の表（評価と対応する人数）を作成するためにExcel関数のIF関数を入力しています。

　Excel関数はセルに数式を入力することによって、実行することができます。Excel関数の詳細については第7章を参照して下さい。

〔実行結果〕

▲	A	B	C	D	E	F	G	H	I	J	K
1		英語	国語	数学	合計	平均	評価				
2	佐藤	78	67	88	233	77.6666667	B			評価	人数
3	加藤	54	87	34	175	58.3333333	D			A+	1
4	鈴木	98	85	90	273	91	A+			A	0
5	田中	48	68	75	191	63.6666667	C			B	1
6	合計	278	307	287						C	1
7	平均	69.5	76.75	71.75						D	1

練習問題

1-1

　身近な Excel 上での処理について VBA プログラムを記述し、実行することにより入力するプログラムを作成せよ。

1-2

　大阪の各月の平均気温（最高／最低）は以下の表の通りである。この表をシートに記入し、1 年の平均気温を求めよ（最高／最低）。

大阪の平均気温（℃）												
	1月	2月	3月	4月	5月	6月	7月	8月	9月	10月	11月	12月
最高	9	10	14	20	25	28	32	33	29	23	18	12
最低	2	2	5	10	15	20	24	25	21	15	9	4

1-3

　自分の名前の漢字について例題 1-1 と同様に漢字を表示せよ。

第 **2** 章

変数とデータ型

　プログラム実行時に、一時的に値を**記憶装置**（memory）上に格納し複雑な計算をすることができます。値を格納することができる箱を**変数**（variable）といいます。変数には名前をつけることができ、**変数名**（variable name）といいます。たとえば、変数 i は以下のような箱と考えることができます。

i ☐

　変数に値を格納することを**代入**（assignment）といい、たとえば、i ＝ － 1+5*7 と記述し、実行すると以下のようになります。

i **34**

　変数 i に値 34 を格納します。＝ を**代入演算子**（assignment operator）といいます。セルに入力するときと同様に、変数へ値を代入します。

変数宣言

　変数を生成する際、コード上に変数名から記述することも可能ですが、通常は「どのような変数を使うのか」というルールを**宣言**（declaration）してから変数を用います。宣言は、以下のように記述します。

```
Dim ＜変数名＞ As ＜データ型＞
```

　＜データ型＞[1]は、変数に格納する値の種類を示します。上の例での変数 i は、

---

1 ： 単に、型という場合もあります。図 2-1 を参照しましょう。

```
Dim i As Integer
```

と宣言し生成することができます。Integer とは整数という意味を示し、変数 i は整数型といいます。これにより変数 i には、整数を格納することを示します[2]。

　変数宣言は以下のように複数の変数を同時に宣言することもできます。

```
Dim <変数名 1> As <データ型> , <変数名 2> As <データ型>
```

　変数は、プログラム中で参照される以前であればどの位置でも宣言することができます。宣言されていない変数はバリアント型として用います。

データ型

　データ型には以下の表の通り、様々なものがあります。

データ型	名前	表現値	大きさ	値の範囲
Byte	バイト型	8 ビット符号なし整数	1 バイト	0 〜 255
Integer	整数型	16 ビット整数	2 バイト	-32,768 〜 32,767
Long	長整数型	32 ビット整数	4 バイト	-2,147,483,648 〜 2,147,483,647
Single	単精度浮動小数点型	単精度（32 ビット）浮動小数点数	4 バイト	負 の 数：-3.402823×10^{38} 〜 $-1.401298 \times 10^{-45}$ 正 の 数：1.401298×10^{-45} 〜 3.402823×10^{38}
Double	倍精度浮動小数点型	倍精度（64 ビット）浮動小数点数	8 バイト	負の数：$-1.79769313486232 \times 10^{308}$ 〜 $-4.94065645841247 \times 10^{-324}$ 正の数：$4.94065645841247 \times 10^{-324}$ 〜 $1.79769313486232 \times 10^{308}$
Currency	通貨型	通貨	8 バイト	-922,337,203,685,477.5808 〜 922,337,203,685,477.5807
String	文字列型	文字列	2 バイト	20G バイトまでの文字列
Date	日付型	日付	8 バイト	日付：西暦 100 年 1 月 1 日〜西暦 9999 年 12 月 31 日 時刻：00:00:00 〜 23:59:59
Boolean	論理型	論理値	2 バイト	True または False
Object	オブジェクト型	オブジェクト	4 バイト	オブジェクトへの参照
Variant	バリアント型	全ての値	16 バイト	全ての型に変化する型
Decimal	10 進数型	10 進数		最大値：79,228,162,514,264,337,593,543,950,335（宣言は不可）

図 2-1 データ型

---

2 ： 整数型変数 i といいます。

整数を格納することができる**データ型**（汎整数型、integral type）には、**バイト型**（Byte 型）、**整数型**（Integer 型）、**長整数型**（Long 型）がありますが、主に整数型を用い、より大きな整数値を扱う場合は長整数型を用います。小数を扱う浮動小数点数は、コンピュータでは整数値と別に処理するためデータ型を区別します。計算する際の精度により、**倍精度浮動小数点型**（Double 型）と、**単精度浮動小数点型**（Single 型）があります。変数の大きさが異なります。

通貨を用いる場合には**通貨型**（Currency 型）、日付を用いる場合には**日付型**（Date 型）、論理値を用いる場合には**論理型**（Boolean 型）を用います。**オブジェクト型**（Object 型）、**バリアント型**（Variant 型）はさらに広範囲な値の種類を示します。**10 進数型**（Decimal 型）は、変数の宣言はできませんが、関数呼出しなどで用います。

〔例〕

```
Dim i As Integer
```

i に整数を格納できます。

```
Dim counter1 As Long, counter2 As Long
```

counter1、counter2 により大きな整数を格納できます。

 ## 論理値

論理値は True（真）、False（偽）と記述し、論理型の値を示します。

 ## 算術演算子と代入演算子

数学でよく用いる算術演算子 ＋、－、×、÷ は、記号 ＋、－、*、/ を用います。剰余専用の演算子 Mod も用意されています。変数に値を格納するには、等号（=）、つまり、代入演算子を用います。

演算子	機能	備考
=	代入	
+	加算	
−	減算	
*	乗算	
/	除算	
￥	除算（商）[3]	Byte 型、Integer 型、Long 型の整数演算で用いる。
Mod	剰余[3]	Byte 型、Integer 型、Long 型の整数演算で用いる。
^	累乗	
−	符号反転	

図 2-2 代入演算子と算術演算子

---

3 ： 5 ÷ 3＝1 余り 2 となりますが、このとき、商は「1」、剰余は「2」となります。

また、変数や値が1つだけあるものを単項演算子といい、2つあるものを二項演算子といいます。

二項演算子は、次のように記述します。演算子が計算のために用いる<値1>、<値2>のことを、演算子の**オペランド**（operand）といいます。

<値1> <演算子> <値2>　　　　　　　例：1 + 2

単項演算子（前置演算子）は、次のように記述します。

<演算子> <値>　　　　　　　　　　例：-num

文字列の長さ（文字列型）

文字列型宣言の場合は、文字列の長さを指定することができます。

```
Dim <変数名> As String * <文字数>
```

〔例〕

```
Dim s As String * 10
```

この場合、指定した長さ（10）より長い文字列を代入できません。

〔プログラム〕

```
1  Sub Macro()
2      Dim ss As String * 11
3      ss = "12345678901234567890123"
4      Cells(1, 1).Value = ss
5  End Sub
```

11文字の文字列型変数ssは、先頭から11文字までが代入されます。

〔実行結果〕

	A
1	12345678901

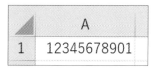 式と文とブロック

プログラムの値として評価できるものを**式**（expression）、単位となる命令を**文**（statement）といいます。

〔式の例〕

　整数値、文字列等は全て値として評価できる式です。変数も値として評価することができるため式となります。

```
a + 3 / b                          (a、b は変数)
```

〔文の例〕

```
a = 7                              (a は整数型変数、代入文)
Range("A3").Value = " 大学 "        (代入文)
```

　文の並びを**ブロック**（block）といいます。通常、ブロックは 1 行に 1 つの文を記述しますが、：（コロン）を**区切り字**（delimiter）として複数の文を 1 行に記述することもできます（**複文**、multi statement）。値を返すものを式、式を組み合わせて値を返さないものを文と考えてもよいでしょう。

Format 関数

　セルに入力するなど書式設定をして文字列を生成する場合、Format 関数を用います。

```
Format （＜引数＞, ＜書式指定文字列＞）[4]
```

　Format 関数は、文字列を返します。書式指定文字列の中には、以下の書式指定子を用いることができます。

記号	説明
#	数値（桁）に対応し、該当の桁に数値がない場合は空白となる。
0	数値（桁）に対応し、該当の桁に数値がない場合は 0 となる。
%	百分率に変換し、％をつける。
¥¥	￥を示す。

　引数（数値）が、日時（例：2018/11/12 13:30:59）の場合は以下の記号を用いることができます。桁数に応じて記号を入力しましょう。

記号	説明
y	年を示す。
m	月を示す。
d	日を示す。
h	時を示す。
n	分を示す。
s	秒を示す。

---

4 ： 引数とは、関数呼出し、手続き呼出しの際に値を受け渡す式を示します。

〔プログラム〕

```
1   Sub Macro()
2       Dim i As Integer
3       i = 32567
4       Range("A1").Value = Format(i, "###,###,###")
5       Range("B1").Value = Format(i, "000,000,000")
6       Range("C1").Value = Format(i, "0.00% ")
7       Range("D1").Value = Format(i, "¥¥0")
8       Range("E1").Value = i
9       Dim day As Date
10      day = "2018/11/12 13:30:59"
11      Range("A2").Value = Format(day, "yyyy")
12      Range("B2").Value = Format(day, "mm")
13      Range("C2").Value = Format(day, "dd")
14      Range("D2").Value = Format(day, "hh")
15      Range("E2").Value = Format(day, "nn")
16      Range("F2").Value = Format(day, "ss")
17  End Sub
```

〔実行結果〕

	A	B	C	D	E	F
1	32,567	000,032,567	3256700.00%	¥32567	32567	
2	2018	11	12	13	30	59

関数呼出しと手続き呼出し

　プログラミング中で、すでに用意された**関数** (function) や、**手続き** (procedure) を呼び出し、様々な計算をすることができます。関数呼出しは、以下のように記述します。

```
＜変数＞ = ＜関数名＞（＜引数１＞，＜引数２＞，…）
```

　関数呼出しにより、計算の結果である**返り値** (return value) が返ってくるので、通常は、返り値を変数に代入します。関数に受け渡す値を示す式として**引数** (argument) を指定します。引数がない関数呼出しもあります。手続き呼出しは、以下のように記述します。

```
Call ＜手続き名＞（＜引数１＞，＜引数２＞，…）
```

　または、次のように記述することもできます。

```
＜手続き名＞　＜引数１＞，＜引数２＞，…
```

　同様に、引数がない手続き呼出しもあります。

〔プログラム〕

```
1   Sub Macro()
```

```
2      Dim rt As Double
3      rt = Sqr(2)
4      Range("A1").Value = rt
5      Call MsgBox(" 手続き呼出し！")
6      MsgBox " メッセージボックス！"
7  End Sub
```

〔実行結果〕

　3 行目では 関数 Sqr を呼び出し、平方根の値を求めています。5 行目と 6 行目は、MsgBox とい
う手続きを呼び出し、〔実行結果〕のようにメッセージボックスウィンドウを出現させ、＜引数 1 ＞
で指定したメッセージ（文字列）を表示しています。「OK」ボタンをクリックすることで処理を進
めることができます。

ステップイン実行における変数の値の表示

　デバッグの際には、VBE ウィンドウにおいて **「表示」** → **「ウォッチウィンドウ」** を選んで実行時
の変数の値を表示するウィンドウを追加することができます（図 2-3）。

```
ファイル(F)  編集(E)  表示(V)  挿入(I)  書式(O)  デバッグ(D)  実行(R)  ツール(T)  アドイン(A)  ウィンドウ(W)
ヘルプ(H)                                                                    _ ⊡ ×

プロジェクト - VBAProject    ×    (General)                    ▼    Macro                        ▼
                                   Sub Macro()
  Sheet4 (Sheet                      Dim a As Integer, c As Integer, t As Integer, ca As Integer
  Sheet5 (Sheet                      a = Range("A2").Value
  Sheet6 (Sheet               ⇨    | c = (a - 1) ¥ 12 + 1
  Sheet7 (Sheet                      j = a Mod 12
  Sheet8 (Sheet                      t = (c - 1) ¥ 30 + 1
  Sheet9 (Sheet                      ca = c Mod 30
  ThisWorkbook                       Range("A4").Value = c
  標準モジュール                       Range("B4").Value = j
    Module1                          Range("A6").Value = t
    Module2                          Range("B6").Value = ca
    Module3                        End Sub
    Module4

プロパティ - Module5        ×    ウォッチ                                                            ×
Module5 Module        ▼         式          値        型          対象
 全体  項目別                    a          361       Integer     Module5.Macro
(オブジェクト名) Module5          c          0         Integer     Module5.Macro
                                 ca         0         Integer     Module5.Macro
                                 t          0         Integer     Module5.Macro
```

図 2-3 ステップイン実行における変数の表示

　ウォッチウィンドウにおいて実際に変数の値を表示するには、プログラム中で宣言されている変数を指定する必要があります。マウスの右ボタンをクリック後、「ウォッチ式の追加（A）」を選択して入力ウィンドウから変数を指定します。プログラムを実行するには、ステップイン実行（F8 を押す）を選択します。

　ステップイン実行においては前述のように、プログラムを 1 行ずつ実行することができますが、さらにウォッチウィンドウにおいてプログラムを実行しながら変数の値を確かめることができます。

Option Explicit 文

　プログラムの先頭に Option Explicit 文を追加すると、変数の宣言をチェックすることができます。参照されている変数に対して宣言されていない場合はエラーとなります。

例題 2-1 フルーツの購入

りんご（200 円）を 2 個と、なし（150 円）を 3 個購入したときの合計金額を計算せよ。

第 2 章　変数とデータ型

〔シート〕

以下のように、シートに入力し準備します。

◢	A	B	C	D	
1	フルーツ	単価	個数	合計	
2	りんご	200	2		
3	なし	150	3		
4					

〔プログラム〕

金額を扱うため、変数はすべて整数型としています。

```
1  Sub Macro()
2      Dim Unit As Integer, Count As Integer, Amount As Integer
3      Unit = Range("B2").Value
4      Count = Range("C2").Value
5      Amount = Unit * Count
6      Range("D2").Value = Amount
7      Unit = Range("B3").Value
8      Count = Range("C3").Value
9      Amount = Unit * Count
10     Range("D3").Value = Amount
11 End Sub
```

整数型変数 Unit、Count、Amount を宣言し、Unit（単価）と Count（個数）に値を代入し、かけ合わせて合計を求めます。変数 Amount に代入して合計欄（セル）に入力します。

〔実行結果〕

◢	A	B	C	D	
1	フルーツ	単価	個数	合計	
2	りんご	200	2	400	
3	なし	150	3	450	
4					

例題 2-2 速度と所要時間

東京駅から名古屋駅、京都駅、大阪駅の距離が以下の表で示され、新幹線（278km/ 時）、電車（140km/ 時）、車（80km/ 時）、徒歩（4km/ 時）の速さ（時速）が示されているとき、おのおのの所要時間を求めよ。

〔シート〕

以下のように、シートに入力し準備します。

	A	B	C	D	E
1				（単位：時間）	
2		東京駅	名古屋駅	京都駅	大阪駅
3	距離(km)	0	366	513.6	552.6
4	新幹線（278km/時）	0			
5	電車(140km/時)	0			
6	車（80km/時）	0			
7	徒歩（4km/時）	0			

〔プログラム〕

```
1   Sub Macro()
2       Dim Distance As Double, SpeedSuper As Double
3       Dim SpeedTrain As Double, SpeedCar As Double
4       Dim SpeedWalk As Double, T As Double
5       SpeedSuper = 278: SpeedTrain = 140: SpeedCar = 80
6       SpeedWalk = 4
7       Distance = Range("C3").Value
8       T = Distance / SpeedSuper
9       Range("C4").Value = Format(T, "#####.##")
10      T = Distance / SpeedTrain
11      Range("C5").Value = Format(T, "#####.##")
12      T = Distance / SpeedCar
13      Range("C6").Value = Format(T, "#####.##")
14      T = Distance / SpeedWalk
15      Range("C7").Value = Format(T, "#####.##")
16      Distance = Range("D3").Value
17      T = Distance / SpeedSuper
1       Range("D4").Value = Format(T, "#####.##")
2       T = Distance / SpeedTrain
3       Range("D5").Value = Format(T, "#####.##")
4       T = Distance / SpeedCar
5       Range("D6").Value = Format(T, "#####.##")
6       T = Distance / SpeedWalk
7       Range("D7").Value = Format(T, "#####.##")
8       Distance = Range("E3").Value
9       T = Distance / SpeedSuper
10      Range("E4").Value = Format(T, "#####.##")
11      T = Distance / SpeedTrain
12      Range("E5").Value = Format(T, "#####.##")
13      T = Distance / SpeedCar
14      Range("E6").Value = Format(T, "#####.##")
15      T = Distance / SpeedWalk
16      Range("E7").Value = Format(T, "#####.##")
17  End Sub
```

第 2 章

変数とデータ型

実行すると、以下のようになります。

	A	B	C	D	E
1				(単位：時間)	
2		東京駅	名古屋駅	京都駅	大阪駅
3	距離(km)	0	366	513.6	552.6
4	新幹線（278km/時）	0	1.32	1.85	1.99
5	電車(140km/時)	0	2.61	3.67	3.95
6	車（80km/時）	0	4.58	6.42	6.91
7	徒歩（4km/時）	0	91.5	128.4	138.15

例題 2-3 ジュースの運搬

大量のジュースの運搬を考える。1 ケースにはジュースを 12 本入れることができ、30 ケースを 1 台のトラックで運ぶことができる。全体のジュースの本数を入力し、何ケース必要で、ジュース全体を運搬するために何台のトラックが必要かを計算せよ。ただし、最低 1 台のトラックが必要で、1 本でも既定の本数を超えた場合は追加でトラックが必要となる。

たとえば、ジュースが 12 本であれば 1 ケース必要で、トラックも 1 台必要となります。ジュースが 360 本であれば 30 ケース必要で、トラックも 1 台で済みますが、ジュースが 361 本の場合は、31 ケース必要で、トラックも 2 台必要となります。

〔シート〕

以下のように、シートに入力し準備をします。

	A	B
1	ジュース本数	
2	361	
3	ケース（箱）	ジュース余り（1 ケース）
4		
5	トラック（台）	ケース余り（1 台）
6		

〔プログラム〕

```
1  Sub Macro()
2      Dim a As Integer, c As Integer, j As Integer, t As Integer, ca As Integer
3      a = Range("A2").Value
4      c = (a - 1) ￥ 12 + 1
5      j = a Mod 12
6      t = (c - 1) ￥ 30 + 1
```

```
 7        ca = c Mod 30
 8        Range("A4").Value = c
 9        Range("B4").Value = j
10        Range("A6").Value = t
11        Range("B6").Value = ca
12   End Sub
```

各変数は、整数型で宣言します。整数演算において、商と余りを求める演算子 ¥、Mod を用いて計算します。

〔実行結果〕

	A	B
1	ジュース本数	
2	361	
3	ケース（箱）	ジュース余り（1ケース）
4	31	1
5	トラック（台）	ケース余り（1台）
6	2	1

練習問題

2-1

支払金額を入力し、一万円、五千円、二千円、千円（以上紙幣）、500円、100円、50円、10円、5円、1円（以上硬貨）について、最も枚数（紙幣）、個数（硬貨）が少ない支払いとなる方法で、それぞれの枚数、個数を求めよ。

2-2

秒数を入力し、何時間、何分、何秒にあたるか計算せよ。

2-3

円周率（π）を Application.WorksheetFunction.pi() により求め、半径 r の円の円周、円の面積、球の表面積、球の体積を計算せよ。

第3章

プログラムの構造（分岐）

　これまでに紹介したプログラムは、命令を1つ1つ順番に実行する**順次**（sequence）という処理でしたが、プログラミングの際には、他に**分岐**（branch）と**繰返し**（iteration）を加えた3つの基本構造により処理を記述することで見通しのよいプログラムとなることが知られています。

　これはエドガー・ダイクストラによって提唱された構造化プログラミングのことで、プログラムの正当性を証明する論文の中で3つの基本構造によりプログラムは構成できるとされています[1]。3つの基本構造は、プログラムの設計図にあたるアルゴリズムを示す際にも中心となる概念です。

アルゴリズムとは

　アルゴリズムとは、問題を解決するための処理（手続き、procedure）を形式的に表したもので、一般には、**流れ図**（flow chart）を用いて示します。本書では、JIS X 0121:1986 で定義した流れ図記号を用います[2]。以下に流れ図記号（図 3-1）と3つの基本構造（図 3-2、3-3、3-4）を示します。

	端子	外部環境への出口、または外部環境からの入り口を表す。
	処理	任意の種類の処理機能を表す。
	判断	1つの入り口といくつかの択一的な出口を持ち記号中に定義された条件の評価に従って唯一の出口を選ぶ判断機能またはスイッチ形の機能を表す。

---

1 ： E.W.Dijkstra, "Go To Statement Considered Harmful", CACM, 1968. の論文が構造化プログラミングの提唱につながりました。3つの基本構造については様々な訳語があります（逐次、選択、反復など）が、本書では、順次、分岐、繰返しという語を用います。

2 ： 正確には、アルゴリズムは停止することが保証されている手続きを指しますが、本書では、説明の都合上、停止しないものもアルゴリズムとして扱うことがあります。

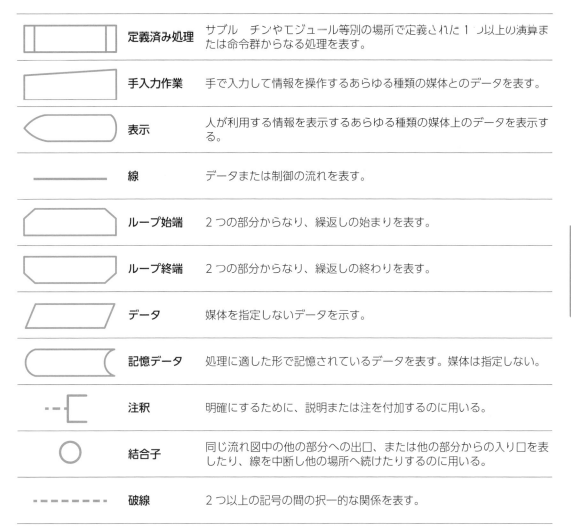

	定義済み処理	サブルーチンやモジュール等別の場所で定義された1つ以上の演算または命令群からなる処理を表す。
	手入力作業	手で入力して情報を操作するあらゆる種類の媒体とのデータを表す。
	表示	人が利用する情報を表示するあらゆる種類の媒体上のデータを表示する。
	線	データまたは制御の流れを表す。
	ループ始端	2つの部分からなり、繰返しの始まりを表す。
	ループ終端	2つの部分からなり、繰返しの終わりを表す。
	データ	媒体を指定しないデータを示す。
	記憶データ	処理に適した形で記憶されているデータを表す。媒体は指定しない。
	注釈	明確にするために、説明または注を付加するのに用いる。
	結合子	同じ流れ図中の他の部分への出口、または他の部分からの入り口を表したり、線を中断し他の場所へ続けたりするのに用いる。
	破線	2つ以上の記号の間の択一的な関係を表す。

図 3-1 JIS X 0121:1986 で定義する主な流れ図記号

図 3-2 順次の例
（朝起きてからの行動スケジュール）

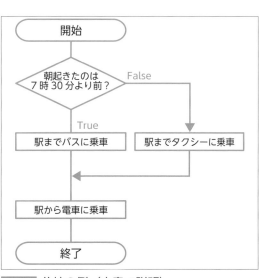

図 3-3 分岐の例（本章で説明）

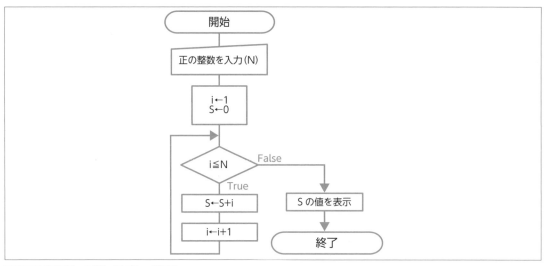

図 3-4 繰返しの例（次章で説明）

 順次とは

　アルゴリズムとは手順を示すため、コンピュータの処理だけでなく、日常生活の行動スケジュール
や、料理のレシピなども表すことができます。たとえば、起床から就寝までの流れを示したアルゴリ
ズムが図 3-2 になります（順次）。

分岐とは

　日常生活で通勤する際に、「朝の起床時間」によって判断して、「バスに乗車」し家から駅まで行く
場合と、「タクシーに乗車」し家から駅まで行く場合があり、いずれにしても駅に着いた後は電車に
乗車し会社に向かうとします。以上の流れを示したものが図 3-3 となります。この例のように、条
件判断によって異なる処理をする構造を**分岐**（branch）といいます。VBA では、条件判断のもとと
なる値は論理値で示し、True（真）、False（偽）によって異なる処理（分岐）を実行します。無条
件に分岐する Goto 文もあります。プログラミングにおいて分岐は様々な場面で用います。

If 文

　条件判断によって分岐し、True の場合と False の場合で異なる処理を記述するためには **If 文**（If
statement）を用います。

```
If ＜条件式＞ Then ＜文＞
If ＜条件式＞ Then ＜文＞ Else ＜文＞
```

　＜条件式＞は、論理値を返す式を示します。たとえば、整数型変数 a を宣言し、a に 10 を代入し
た後、a ＜ 20 を実行すると True（真）という値を返し、式 a ＜ 20 は＜条件式＞として定義する
ことができます。

　上記の例を副手続きとして定義すると以下のようになります（アルゴリズムは図 3-3）。

まず、シート上に以下のように準備します。

〔シート〕

	A
1	起床時間(7時何分か)
2	35
3	
4	

セル A1、A2 に入力し、以下のプログラムを実行します。

〔プログラム〕

```
1  Sub Macro()
2    Dim a As Integer
3    a = Range("A2").Value
4    If a < 30 Then Range("A3").Value = "1. バスに乗車 " _
5     Else Range("A3").Value = "1. タクシーに乗車 "
6    Range("A4").Value = "2. 電車に乗車 "
7  End Sub
```

4 行目で If 文を記述します。キーワード If の後の a<30 が＜条件式＞を示し、変数 a の値が 30 未満かどうかを判断しています。結果としてセル A2 に入力した整数値を 30 未満か判断し、30 未満であれば、セル A3 に「1. バスに乗車」を、それ以外なら「1. タクシーに乗車」を表示します。セル A4 にはいずれの場合にも「2. 電車に乗車」することを示します。

〔実行結果〕

	A
1	起床時間(7時何分か)
2	35
3	1. タクシーに乗車
4	2. 電車に乗車

IIf 関数

条件判断により分岐し、True と False の場合で異なる値を取得したい場合は、IIf 関数（IIf function）を用いると簡単に記述することができます。

```
IIf (＜条件式＞, ＜True の場合の値＞, ＜False の場合の値＞)
```

IIf 関数は式であるため値を返し、変数へ返り値を直接代入することができます。上記の例を IIf 関数を用いて記述すると以下のようになります。

まず、シート上に以下のように準備します。

〔シート〕

	A
1	起床時間（7時何分か）
2	15
3	
4	

〔プログラム〕

```
1  Sub Macro()
2      Dim a As Integer
3      a = Range("A2").Value
4      Range("A3").Value = IIf(a < 30, "1. バスに乗車 ", "1. タクシーに乗車 ")
5      Range("A4").Value = "2. 電車に乗車 "
6  End Sub
```

4 行目で IIf 関数を用いて、第一引数の＜条件式＞（a < 30）により、セル A3 に表示する文字列を切り替えています。

〔実行結果〕

	A
1	起床時間（7時何分か）
2	15
3	1．バスに乗車
4	2．電車に乗車

If 文を用いて記述した場合と同様に実行することができます。

関係演算子

2 つの値を比較する演算子を**関係演算子**（relational operator）または**比較演算子**（relative operator）といいます（図 3-5）。入力された値に、True または False を返します。二項演算子です。

入力：2 つの値
演算結果：論理値

演算子	例	機能
<	A < B	A が B より小さいとき True
<=	A <= B	A が B 以下のとき True
>	A > B	A が B より大きいとき True
>=	A >= B	A が B 以上のとき True
=	A = B	A と B が等しいとき True
<>	A <> B	A と B が等しくないとき True

図 3-5 関係演算子

〔例〕

```
a < 30
```

変数 a の値と 30 を比べ変数 a の値が小さい場合 True を返し、それ以外の場合 False を返します。

論理演算子

論理値に関する演算を行う演算子を**論理演算子**（logical operator）といいます。論理値を入力し、論理値を返します。

入力：2 つの論理値（単項演算子の場合は 1 つの論理値）

演算結果：論理値

演算子	例	機能	補足
And	P And Q	P と Q の論理積	二項演算子
Or	P Or Q	P と Q の論理和	二項演算子
Not	Not P	P の否定	単項演算子
Xor	P Xor Q	P と Q の排他的論理和	二項演算子
Imp	P Imp Q	P が Q を含む（包含）	二項演算子
Eqv	P Eqv Q	P と Q は同値	二項演算子

図 3-6 論理演算子

〔真理表〕

論理演算の演算結果は以下の真理表で示すことができます。

P	Q	P And Q	P Or Q	Not P	P Xor Q	P Imp Q	P Eqv Q
True	True	True	True	False	False	True	True
True	False	False	True	False	True	False	False
False	True	False	True	True	True	True	False
False	False	False	False	True	False	True	True

＜条件式＞は、関係演算子と論理演算子を組み合わせて様々な関係を記述することができます。

ブロック If 文

複数の条件により判断し、＜条件式＞が True となった場合に分岐する文として**ブロック If 文**（Block If statement）があります。分岐先には、ブロック（文の並び）を記述することができます。

```
If  ＜条件式 1＞ Then
    ＜ブロック 1＞
ElseIf ＜条件式 2＞ Then
    ＜ブロック 2＞
```

```
ElseIf ＜条件式3＞ Then
    ＜ブロック3＞
        ⋮
ElseIf ＜条件式n＞ Then
    ＜ブロックn＞
Else
    ＜ブロックn+1＞
End If
```

　＜条件式1＞、＜条件式2＞、…と順に式を評価し、True となった場合、対応するブロックを実行します。＜条件式n＞まで式を評価し、全て False の場合は Else 部に記述した＜ブロックn+1＞を実行します。

Select Case 文

　＜条件式＞が返す論理値（Ture または False）により分岐する If 文に対して、与えた式を評価し、式の値によって分岐する文として、**Select Case 文**（select case statement）があります。

```
Select Case ＜評価式＞
Case ＜式1＞
    ＜ブロック1＞
Case ＜式2＞
    ＜ブロック2＞
        ⋮
Case ＜式n＞
    ＜ブロックn＞
Case Else
    ＜ブロックn+1＞
End Select
```

　＜評価式＞で示した式を評価した結果、＜式1＞～＜式n＞のいずれかと一致するかをチェックし、一致した場合、対応するブロックを実行します。いずれにも一致しなかった場合には、＜ブロックn+1＞を実行します。

　Select Case 文は、応用としてキーワード Case の後に以下の＜条件式＞を記述することができます。

1. Case ＜式1＞, ＜式2＞, …, ＜式n＞
　Case の後に、定数式を複数並べ、複数の値とマッチするかをチェックします。

2. Case ＜式＞ To ＜式＞
　キーワード To を用いて値の範囲を示し、マッチするかをチェックします。

3. Is ＜関係演算子＞ ＜式＞
　関係演算子を用いて、＜評価式＞の評価結果と各＜関係演算子＞ ＜式＞の関係が成立するかをチェックします。

Like 演算子

　Like 演算子は、文字列の比較をする際にワイルドカード（＊）を用い、パターンマッチします。Select Case 文と組み合わせることにより文字列のパターンマッチを用いた複雑な分岐を記述することができます。

無条件分岐（GoTo 文）

　無条件に分岐する処理を Goto 文で記述することができます。

```
GoTo ＜ラベル＞
＜ラベル＞:
```

　＜ラベル＞:で示す＜ラベル＞をあらかじめ任意の行に記述し、GoTo ＜ラベル＞を実行することで＜ラベル＞:行に処理を分岐します（指定された場所までプログラムを読みとばします）。＜ラベル＞には任意の名前をつけることができます。

例題 3-1 絶対値

　絶対値を求めるプログラムを作成せよ。絶対値は以下で定義するものとする。変数の型は整数型とする。

$$|a| = \begin{cases} a & (a \geq 0) \\ -a & (a < 0) \end{cases}$$

〔アルゴリズム〕

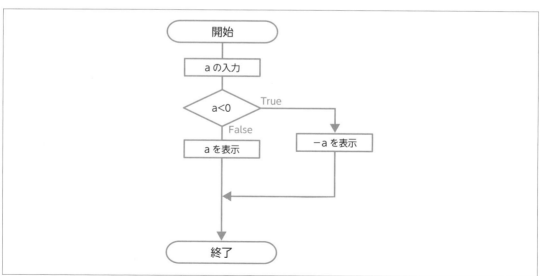

〔シート〕

以下のようにシートに入力し準備します。

	A
1	値
2	-17
3	絶対値
4	

〔プログラム〕（If 文の場合）

```
1  Sub Macro()
2      Dim a As Integer
3      a = Range("A2").Value
4      If a < 0 Then Range("A4").Value = -a Else Range("A4").Value = a
5  End Sub
```

〔プログラム〕（IIf 関数の場合）

```
1  Sub Macro()
2      Dim a As Integer
3      a = Range("A2").Value
4      Range("A4").Value = IIf(a < 0, -a, a)
5  End Sub
```

〔実行結果〕

	A
1	値
2	-17
3	絶対値
4	17

　このように、If 文または IIf 関数を用いて記述することができます。＜条件式＞は a < 0 とし、変数の値が負の場合と非負（0 以上）の場合を判断しています。

　この処理は、同様に数学関数（Abs）を呼び出すことにより実行することができます。

例題 3-2 最大値と最小値

　例題 1-2 より、東京の平均気温は以下の通りである。分岐文を用いて、各月の平均気温（最高）の

最大値／最小値を求めなさい[3]。

〔東京の平均気温（℃）〕

	1月	2月	3月	4月	5月	6月	7月	8月	9月	10月	11月	12月
最高	10	10	13	19	23	26	30	31	27	22	17	12
最低	2	2	5	10	15	19	23	24	21	15	9	4

〔シート〕

以下のようにシートに入力し準備します。

	A	B	C	D	E	F	G	H	I	J	K	L	M	N	O
1	東京の平均気温（℃）														
2		1月	2月	3月	4月	5月	6月	7月	8月	9月	10月	11月	12月	最大	最小
3	最高	10	10	13	19	23	26	30	31	27	22	17	12		
4	最低	2	2	5	10	15	19	23	24	21	15	9	4		
5															

〔プログラム〕

```
1   Sub Macro()
2       Dim a As Integer, b As Integer, c As Integer, d As Integer
3       Dim e As Integer, f As Integer, g As Integer, h As Integer
4       Dim i As Integer, j As Integer, k As Integer, l As Integer
5       Dim min As Integer, max As Integer
6       a = Cells(3, 2).Value: b = Cells(3, 3).Value: c = Cells(3, 4).Value
7       d = Cells(3, 5).Value: e = Cells(3, 6).Value: f = Cells(3, 7).Value
8       g = Cells(3, 8).Value: h = Cells(3, 9).Value: i = Cells(3, 10).Value
9       j = Cells(3, 11).Value: k = Cells(3, 12).Value: l = Cells(3, 13).Value
10      max = a
11      min = a
12      If b > max Then max = b
13      If b < min Then min = b
14      If c > max Then max = c
15      If c < min Then min = c
16      If d > max Then max = d
17      If d < min Then min = d
18      If e > max Then max = e
19      If e < min Then min = e
20      If f > max Then max = f
21      If f < min Then min = f
22      If g > max Then max = g
23      If g < min Then min = g
24      If h > max Then max = h
25      If h < min Then min = h
```

---

3 ： 各月の平均気温（最低）の最大値／最小値は練習 3-3 で求めます。

```
26      If i > max Then max = i
27      If i < min Then min = i
28      If j > max Then max = j
29      If j < min Then min = j
30      If k > max Then max = k
31      If k < min Then min = k
32      If l > max Then max = l
33      If l < min Then min = l
34      Range("N3").Value = max
35      Range("O3").Value = min
36  End Sub
```

〔実行結果〕

	A	B	C	D	E	F	G	H	I	J	K	L	M	N	O
1	東京の平均気温（℃）														
2		1月	2月	3月	4月	5月	6月	7月	8月	9月	10月	11月	12月	最大	最小
3	最高	10	10	13	19	23	26	30	31	27	22	17	12	31	10
4	最低	2	2	5	10	15	19	23	24	21	15	9	4		
5															

例題 3-3 標準体重

身長と体重を入力し、標準体重、肥満度、BMI（肥満係数）を求めるとともに、BMI によってメッセージを切り替えよ。標準体重、肥満度、BMI の計算式は以下の通りである。

標準体重（kg）＝身長^2× 22
肥満度（%）＝（体重－標準体重）/ 標準体重× 100
BMI ＝体重 / 身長^2

身長の単位は、m（メートル）であり、cm（センチメートル）で入力した場合は、単位の調整が必要である。

〔シート〕

以下のようにシートに入力し準備します。

	A	B
1	身長（cm）	体重（kg）
2	171	93
3	標準体重	肥満度
4		
5	BMI	
6		
7	メッセージ	
8		

セル A2 に身長、セル B2 に体重を入力します。

〔プログラム〕（ブロック If 文の場合）

```
1   Sub Macro()
2       Dim Height As Single, Weight As Single
3       Dim sw As Single, ob As Single, BMI As Single
4       Height = Range("A2").Value
5       Weight = Range("B2").Value
6       sw = Height ^ 2 / 10000 * 22
7       ob = (Weight - sw) / sw * 100
8       BMI = Weight / Height ^ 2 * 10000
9       Range("A4").Value = Format(sw, "#.##")
10      Range("B4").Value = Format(ob, "#.##")
11      Range("A6").Value = Format(BMI, "#.##")
12      If BMI < 18.5 Then
13          Range("A8").Value = " 低体重 "
14      ElseIf BMI < 25 Then
15          Range("A8").Value = " 普通体重 "
16      ElseIf BMI < 30 Then
17          Range("A8").Value = " 肥満度 1"
18      ElseIf BMI < 35 Then
19          Range("A8").Value = " 肥満度 2"
20      ElseIf BMI < 40 Then
21          Range("A8").Value = " 肥満度 3"
22      Else
23          Range("A8").Value = " 肥満度 4"
24      End If
25  End Sub
```

12 行目から 24 行目までブロック If 文を用いて、BMI によりメッセージを切り替えます。

〔プログラム〕（Select Case 文の場合）

```
1   Sub Macro()
2       Dim Height As Single, Weight As Single
3       Dim sw As Single, ob As Single, BMI As Single
4       Height = Range("A2").Value
5       Weight = Range("B2").Value
6       sw = Height ^ 2 / 10000 * 22
7       ob = (Weight - sw) / sw * 100
8       BMI = Weight / Height ^ 2 * 10000
9       Range("A4").Value = Format(sw, "#.##")
10      Range("B4").Value = Format(ob, "#.##")
11      Range("A6").Value = Format(BMI, "#.##")
12      Select Case BMI
13      Case Is < 18.5
14          Range("A8").Value = " 低体重 "
15      Case Is < 25
```

```
16              Range("A8").Value = " 普通体重 "
17          Case Is < 30
18              Range("A8").Value = " 肥満度 1"
19          Case Is < 35
20              Range("A8").Value = " 肥満度 2"
21          Case Is < 40
22              Range("A8").Value = " 肥満度 3"
23          Case Else
24              Range("A8").Value = " 肥満度 4"
25          End Select
26      End Sub
```

12 行目から 25 行目まで Select Case 文を用いて、BMI によりメッセージを切り替えています。

〔実行結果〕

体重が 93kg（「肥満度 2」）の場合

	A	B
1	身長（cm）	体重（kg）
2	171	93
3	標準体重	肥満度
4	64.33	44.57
5	BMI	
6	31.8	
7	メッセージ	
8	肥満度2	

体重が 50kg（「低体重」）の場合

	A	B
1	身長（cm）	体重（kg）
2	171	50
3	標準体重	肥満度
4	64.33	-22.28
5	BMI	
6	17.1	
7	メッセージ	
8	低体重	

例題 **3-4 2 次方程式の解**

2 次方程式 $ax^2+bx+c=0$ の解を、解の公式を用いて求めよ。解の公式は以下の通りである。

$$x = \frac{-b \pm \sqrt{b^2 - 4ac}}{2a}$$

判別式(D)＝b^2-4ac を求めて、D＞0 の場合「2 つの解」、D=0 の場合「重解」、D<0 の場合「虚数解」を表示せよ。平方根の計算には、Sqr 関数を用いよ。

〔アルゴリズム〕

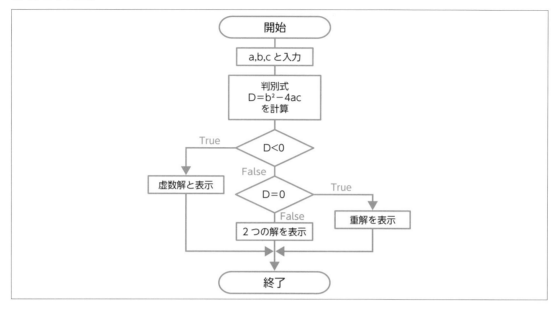

〔シート〕

以下のようにシートに入力し準備します。

	A	B	C	D	E	F	G
1		x^2+		x+		=		0
2	解1	解2					
3							

セル A1、C1、E1 に値を入力します。

〔プログラム〕

```
1   Sub Macro()
2       Dim a As Double, b As Double, c As Double, D As Double
3       a = Range("A1").Value
4       b = Range("C1").Value
5       c = Range("E1").Value
6       D = b ^ 2 - 4 * a * c
7       If D > 0 Then
8           Range("A3").Value = Format((-b + Math.Sqr(D)) / (2 * a), "###.##")
9           Range("B3").Value = Format((-b - Math.Sqr(D)) / (2 * a), "###.##")
10      ElseIf D = 0 Then
11          Range("A3").Value = Format(-b / (2 * a), "###.##")
12          Range("B3").Value = " 重解 "
13      Else
14          Range("A3").Value = " 虚数解 "
15          Range("B3").Value = " 虚数解 "
```

```
16        End If
17  End Sub
```

〔実行結果〕

変数 a の値が（2,4,2）、変数 b の値が（9, -4,2）、変数 c の値が（4,1,8）のとき、実行結果は次のようになります。

2 つの解の場合

	A	B	C	D	E	F	G
1	2	x^2+	9	x+	4	=	0
2	解1	解2					
3	-0.5	-4					

重解の場合

	A	B	C	D	E	F	G
1	4	x^2+	-4	x+	1	=	0
2	解1	解2					
3	0.5	重解					

虚数解の場合

	A	B	C	D	E	F	G
1	2	x^2+	2	x+	8	=	0
2	解1	解2					
3	虚数解	虚数解					

例題 3-5 文字列の抽出

以下の名前の学校に対して「小学校」、「中学校」、「高校」、「大学」の種類を選択し、下段に表示せよ。ただし、各学校名の最後に学校の種類が含まれているものとする。

〔シート〕

以下のようにシートに入力し準備します。

	A	B	C	D	E	F	G	H
1	学校名	大分高校	福島大学	豊島小学校	富山高校	武田小学校	愛知中学校	北高校
2	種類							

〔プログラム〕

```
1  Sub Macro()
```

```
 2       Dim i As Integer, a As string
 3       i = 2
 4   Label:
 5       a = Cells(1, i).Value
 6       If a <> "" Then
 7           Select Case True
 8           Case a Like "*小学校"
 9               Cells(2, i).Value = "小学校"
10           Case a Like "*中学校"
11               Cells(2, i).Value = "中学校"
12           Case a Like "*高校"
13               Cells(2, i).Value = "高校"
14           Case a Like "*大学"
15               Cells(2, i).Value = "大学"
16           End Select
17           i = i + 1
18           GoTo Label
19       End If
20   End Sub
```

ブロック If 文と Goto 文を用いることにより、繰返しを表示することができます。

繰返しの詳細は第 4 章で説明します。

〔実行結果〕

	A	B	C	D	E	F	G	H
1	学校名	大分高校	福島大学	豊島小学校	富山高校	武田小学校	愛知中学校	北高校
2	種類	高校	大学	小学校	高校	小学校	中学校	高校

練習問題

3-1

簡単な英単語を入力し、翻訳した日本語を表示せよ。

3-2

1000 点満点のコンピュータゲームの得点を入力し、0 ～ 599 点の場合背景が赤で「もっと努力しよう。」、600 ～ 699 点の場合背景が黄色で「もう少し頑張ろう。」、700 ～ 799 点の場合背景が水色で「よくできました。」、800 ～ 1000 点の場合背景が緑で「大変よくできました。」、上記以外の場合背景はグレーで「入力ミスです。」と表示しなさい。

3-3

例題 3-2 について、東京の各月の平均気温（最低）について最大値と最小値を求めよ。

第
③
章

プログラムの構造（分岐）

プログラムの構造（繰返し）

　3 つの基本構造の中で最も重要な繰返しについて説明します。たとえば、卵を 7 個食べることを考えます。卵は大きいので一度に 1 個しか食べることができないものとします。この手順を、流れ図を用いて表すと以下のようになります。

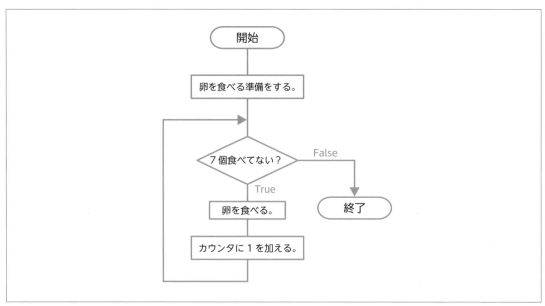

図 4-1 卵を食べる場合の流れ（1）

　ここで、卵を食べる場合は準備が必要で、「何個食べたか？」を数えるカウンタ（counter）が必要です。カウンタは**制御変数**（control variable）[1]といい、繰り返す回数を保持します。

　さらに、繰返しの処理を示す流れ図は、以下のように流れ図のループ端（ループ始端とループ終端）を用いて記述することもできます。

---

1 ： インデックス（index）ともいう。

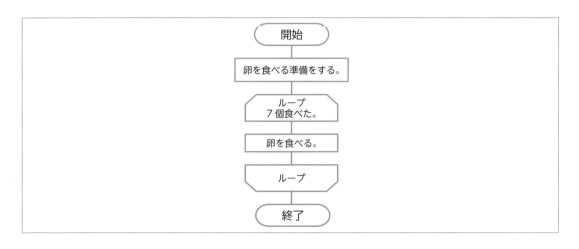

卵を食べる「準備」は制御変数の初期化や、その他変数の初期化をします。図 4-1 の流れ図に示した処理をプログラムとして実行する様子を説明するために、流れ図に番号をつけます。

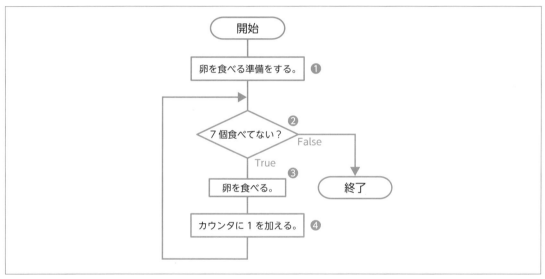

図 4-2 卵を食べる場合の流れ（2）

卵を 7 個食べる処理は、以下のようになります。

③処理 卵を食べる。		① or ④処理 カウンタ		②条件判断 7 個食べてない？
		カウンタに 0 をセット	⇒	（0 個）True
1 個食べる	⇒	カウンタを増やす（0 + 1）	⇒	（1 個）True
1 個食べる	⇒	カウンタを増やす（1 + 1）	⇒	（2 個）True
1 個食べる	⇒	カウンタを増やす（2 + 1）	⇒	（3 個）True
1 個食べる	⇒	カウンタを増やす（3 + 1）	⇒	（4 個）True
1 個食べる	⇒	カウンタを増やす（4 + 1）	⇒	（5 個）True
1 個食べる	⇒	カウンタを増やす（5 + 1）	⇒	（6 個）True
1 個食べる	⇒	カウンタを増やす（6 + 1）	⇒	（7 個）False

最初に❶で準備をし、❷で判断し、判断結果が True であるため❸で卵を食べ、❹でカウンタを 1

増やし、❷で判断をし、判断結果が True のため❸で卵を食べ、❹でカウンタを 1 増やし、…と繰り返します。❸で卵を 7 個食べた後、❹でカウンタを 1 増やし❷で判断をすると、判断結果が False となるので、繰返しは終了します。繰返しを行う中で、毎回❷で判断していることに注意しましょう。

　次に、VBA プログラムとして実行するために、整数型変数 Counter を定義し、条件判断も Counter ＜ 7 として流れ図を書き換えると以下のようになります。

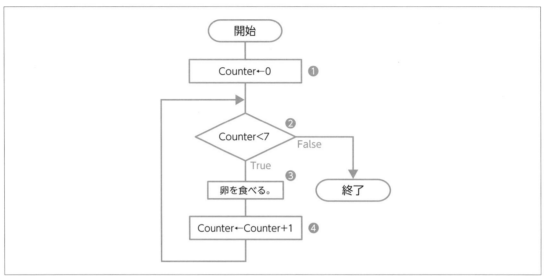

図 4-3 卵を食べる場合の流れ（3）

　同様に、卵を 7 個食べる処理は、以下のようになります。

③処理 卵を食べる。		① or ④処理 Counter		②条件判断 Counter ＜ 7
		Counter ← 0	⇒	Counter ＜ 7、Counter ＝ 0、True
1 個食べる	⇒	Counter ← Counter ＋ 1	⇒	Counter ＜ 7、Counter ＝ 1、True
1 個食べる	⇒	Counter ← Counter ＋ 1	⇒	Counter ＜ 7、Counter ＝ 2、True
1 個食べる	⇒	Counter ← Counter ＋ 1	⇒	Counter ＜ 7、Counter ＝ 3、True
1 個食べる	⇒	Counter ← Counter ＋ 1	⇒	Counter ＜ 7、Counter ＝ 4、True
1 個食べる	⇒	Counter ← Counter ＋ 1	⇒	Counter ＜ 7、Counter ＝ 5、True
1 個食べる	⇒	Counter ← Counter ＋ 1	⇒	Counter ＜ 7、Counter ＝ 6、True
1 個食べる	⇒	Counter ← Counter ＋ 1	⇒	Counter ＜ 7、Counter ＝ 7、False

For 文

　For 文は、制御変数を用いて簡単に繰返しを記述することができます。

```
For ＜制御変数＞ = ＜初期値＞ To ＜終了値＞
  ＜ブロック＞
Next ＜制御変数＞
```

または、

```
For ＜制御変数＞ = ＜初期値＞ To ＜最終値＞ Step ＜増分値＞
    ＜ブロック＞
Next ＜制御変数＞
```

キーワード Next の後の＜制御変数＞は省略することができます。

流れ図を用いて表すと以下のようになります。

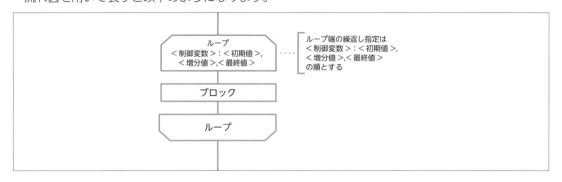

たとえば、上記アルゴリズムを For 文を用いて記述すると以下のようになります。制御変数は整数型変数 Counter とします。For 文の場合は、Counter を 1 から 7 まで繰り返したほうが自然に記述できるため Counter の初期値を 1 としました。

```
1  Sub Macro()
2      Dim Counter As Integer
3      For Counter = 1 To 7
4          Cells(Counter, 1).Value = Format(Counter, "卵の ### 個目を食べる。")
5      Next Counter
6  End Sub
```

整数型変数 Counter を宣言し、For 文により制御変数 Counter を用い " 卵の ### 個目を食べる。" を表示することを 7 回繰り返します。

〔実行結果〕

	A
1	卵の1個目を食べる。
2	卵の2個目を食べる。
3	卵の3個目を食べる。
4	卵の4個目を食べる。
5	卵の5個目を食べる。
6	卵の6個目を食べる。
7	卵の7個目を食べる。

While 〜 Wend 文

繰返しを続ける際に、条件により繰返しを続けるかどうかを判断する文が While 〜 Wend 文です。

```
While <条件式>
  <ブロック>
Wend
```

<条件式>には、繰返しを続けるかどうかの判断を示す論理値を返す式を記述します。流れ図で表すと以下のようになります。

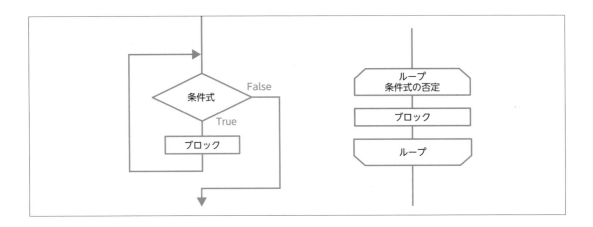

<条件式>を評価した値が True（真）である間、<ブロック>を繰り返し実行します。<条件式>の値が False（偽）になった場合、繰返しを終了し、次の文を実行します。

流れ図のループ始端を用いる場合は、終了条件を記述するので、<条件式>の否定を流れ図に記述することになります。

上記のアルゴリズム処理を While 〜 Wend 文を用いて記述すると以下のようになります。

```
1  Sub Macro()
2      Dim Counter As Integer
3      Counter = 0
4      While Counter < 7
5          Cells(Counter + 1, 1).Value = _
6          Format(Counter + 1, "卵の ### 個目を食べる。")
7          Counter = Counter + 1
8      Wend
9  End Sub
```

While 〜 Wend 文では、上記アルゴリズムも素直に記述することができます。

ここで、<条件式>により終了条件を示すため、繰り返す回数を数える変数が必要になることに注意しましょう。繰り返す処理を示すブロックの実行中に<条件式>の判断（論理値）が True から変化しない場合、永遠にブロックの処理を続ける「無限ループ」に陥ってしまいます。

前判定と後判定

　これまでに説明した繰返しは、繰り返す処理を実行する＜ブロック＞の前に条件判断し、繰返しを続けるかの判断をしました。この処理を「前判定」といいます。繰り返す処理を実行する＜ブロック＞の後に条件判断し、繰返しを続けるかの判断をする処理を「後判定」といいます。以下のような流れ図になります。

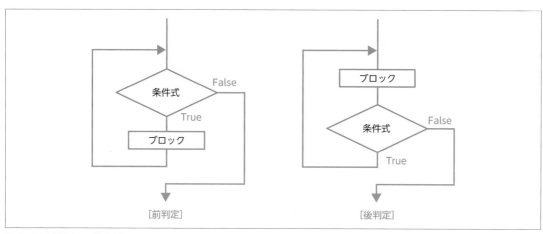

図 4-4　前判定と後判定

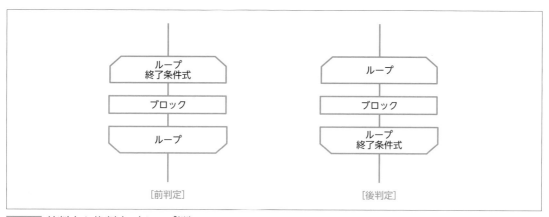

図 4-5　前判定と後判定（ループ端）

　前判定は＜ブロック＞の 0 回以上の繰返し、後判定は＜ブロック＞の 1 回以上の繰返しであることがわかります。

Do While ～ Loop 文

Do While ～ Loop 文は While ～ Wend 文と同様に「前判定」で記述することができます。

```
Do While <条件式>
  <ブロック>
Loop
```

上記のアルゴリズム処理を Do While ～ Loop 文を用いて記述すると以下のようになります。

```
1  Sub Macro()
2      Dim Counter As Integer
3      Counter = 0
4      Do While Counter < 7
5          Cells(Counter + 1, 1).Value = Format(Counter + 1, "卵の###個目を食べる。")
6          Counter = Counter + 1
7      Loop
8  End Sub
```

Do While ～ Loop 文は、While ～ Wend 文と同様に記述することができますが、Do While ～ Loop 文では、繰返しを中断する Exit Do 文を＜ブロック＞の中に記述することができます。

Do ～ Loop While 文

「後判定」をする繰返し文として Do ～ Loop While 文があります。

```
Do
  <ブロック>
Loop While <条件式>
```

上記のアルゴリズム処理を Do ～ Loop While 文を用いて記述すると以下のようになります。

```
1  Sub Macro()
2      Dim Counter As Integer
3      Counter = 0
4      Do
5          Cells(Counter + 1, 1).Value = Format(Counter + 1, "卵の###個目を食べる。")
6          Counter = Counter + 1
7      Loop While Counter < 7
8  End Sub
```

Do ～ Loop While 文では、繰返しを中断する Exit Do 文を＜ブロック＞中に記述することができます。

キーワード　Until

While ～ Wend文など、キーワード While を用いる文は、＜条件式＞がTrueの間繰り返しますが、キーワード Until を用いると、＜条件式＞が False の間、True になるまで繰り返す文を記述するこ

とができます。このように、キーワード While の代わりに Until を用いることができます。

```
Do Until <条件式>
    <ブロック>
Loop
```

上記のアルゴリズム処理を Do Until ～ Loop 文を用いて記述すると以下のようになります。

```
1  Sub Macro()
2      Dim Counter As Integer
3      Counter = 0
4      Do Until Counter >= 7
5          Cells(Counter + 1, 1).Value = Format(Counter + 1, "卵の###個目を食べる。")
6          Counter = Counter + 1
7      Loop
8  End Sub
```

Do Until ～ Loop 文は、Do While ～ Loop 文の＜条件式＞の論理式と否定の関係にあることに注意しましょう。

繰返しの中断

繰返しを中断する文が、Exit For 文（For 文の場合）、Exit Do 文（Do While ～ Loop 文、Do ～ Loop While 文の場合）です。

```
1  Sub Macro()
2      Dim Counter As Integer
3      Counter = 0
4      Do While True
5          If Counter >= 7 Then Exit Do
6          Cells(Counter + 1, 1).Value = Format(Counter + 1, "卵の###個目を食べる。")
7          Counter = Counter + 1
8      Loop
9  End Sub
```

Do While ～ Loop 文で無限ループを記述しても、Exit Do 文を用いて繰返しを中断することができます。

文字列に関する関数

文字列は値として用いることができます。演算子により演算することができ、文字列に関する演算子もあります。

文字列の連結には、＆演算子または＋演算子を用います。＆演算子は、文字列と文字列の連結だけでなく、数値と文字列の連結もできます。＆演算子は数値を文字列に変換するのです。一方、＋演算子は文字列と文字列の連結だけができます。

```
1  Sub Macro()
```

プログラムの構造（繰返し）

```
2      Dim s1 As String, s2 As String, s3 As String, s5 As String, s6 As String
3      Dim s4 As Integer
4      Dim s7 As String, s8 As String, s9 As String
5      s1 = " 東京都 "
6      s2 = " 千代田区 "
7      s3 = " 神田 "
8      s4 = 1234
9      s5 = " 番地 "
10     s6 = s1 & s2 & s3 & s4 & s5
11     Range("A1").Value = s6
12     s7 = s1 + s2 + s3
13     Range("A2").Value = s7
14     s8 = s7 + s4
15     Range("A3").Value = s8
16     s9 = s8 + s5
17     Range("A4").Value = s9
18  End Sub
```

上記のプログラムでは、14 行目で + のためエラーとなります。

```
s8 = s7 & s4
```

上記のように & に書き換えると実行できます。

改行（復帰改行）(vbCrLf) は、文字列の連結においてよく用います。

```
1   Sub Macro()
2      Dim s1 As String, s2 As String, s3 As String, s4 As String
3      s1 = " 東京都 "
4      s2 = " 千代田区 "
5      s3 = " 神田 "
6      s4 = s1 & vbCrLf & s2 & vbCrLf & s3
7      Range("A1").Value = s4
8   End Sub
```

上記のように vbCrLf を文字列に連結し実行すると、改行（復帰改行）することができます。

〔実行結果〕

vbCrLf 以外にも様々な文字列に関する関数があります。主なものは次の通りです。

関数	説明
Asc, AscW	文字（列）を受渡し文字コードを返す。AscW は Unicode を返す。
Chr, ChrW	文字コードを受渡し文字（列）を返す。
CStr	引数の値を文字列として返す。
Format	値を指定した形式で文字列に変換し返す。
InStr, InStrB	文字列の中で文字列を検索し、最初に見つかった文字列中の位置を返す。
InStrRev	文字列の中で文字列を最後から検索し、最初に見つかった文字列中の位置を返す。
Join	配列に格納された文字列を連結する（配列は第5章で説明）。
LCase	文字列中のアルファベットの英字を大文字から小文字に変換する。
Left, LeftB	指定した文字列の左から指定した文字数分を取り出して返す。
Len, LenB	文字列の長さを返す。
LTrim	文字列の先頭の空白を削除して返す。
Mid, MidB	文字列の任意の位置から任意の長さを取り出して返す。
Replace	文字列の任意の文字列を別の文字列に置き換える。
Right, RightB	指定した文字列の右から指定した文字数分を取り出して返す。
RTrim	文字列の末尾の空白を削除して返す。
Space	指定した文字数分の空白からなる文字列を返す。
Split	文字列を指定した区切り文字で分割して返す。
StrComp	文字列を比較する。
StrConv	文字列を変換する。変換する種類を指定する。
StrReverse	文字列の並びを反転する。
Trim	文字列の先頭の空白と末尾の空白を削除する。
UCase	文字列中のアルファベットの英字を小文字から大文字に変換する。
Val	文字列中の数字を数値に変換する。

図 4-6 文字列関数

文字列関数は第7章で説明する VBA 関数の重要な関数群の1つです。

例題 4-1 1 から N までの和

自然数 1 から N までの和を求めるプログラムを作成せよ。

〔アルゴリズム〕

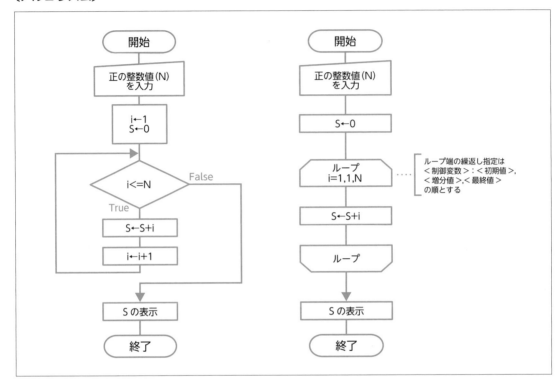

以上のアルゴリズムに従って記述したプログラムが以下となります。

〔シート〕

以下のようにシートに入力し準備します。

	A
1	N
2	
3	合計
4	

セル A2 に N の値を、セル A4 に結果を表示します。

〔プログラム〕

```
1   Sub Macro()
2       Dim i As Integer, N As Integer, S As Integer
3       S = 0
4       N = Range("A2").Value
5       For i = 1 To N
6           S = S + i
7       Next i
8       Range("A4").Value = S
9   End Sub
```

5 行目から 7 行目までが For 文により、変数 S に制御変数 i を足し込む処理を繰り返しています。

〔プログラム〕（途中経過の表示）

```
1   Sub Macro()
2       Dim i As Integer, N As Integer, S As Integer
3       S = 0
4       N = Range("A2").Value
5       For i = 1 To N
6           S = S + i
7           Cells(4, i + 1).Value = S
8       Next i
9       Range("A4").Value = S
10  End Sub
```

途中経過を表示するには、7 行目にあるように Cells プロパティを用い複数セルに繰り返し N の値を表示します。このように、途中経過を表示するプログラムを追加すれば、さらにプログラムに対する理解が深まります。

While 文を用いて記述すると以下のようになります。

```
1   Sub Macro()
2       Dim i As Integer, N As Integer, S As Integer
3       S = 0
4       N = Range("A2").Value
5       i = 1
6       While i <= N
7           S = S + i
8           i = i + 1
9       Wend
10      Range("A4").Value = S
11  End Sub
```

また、Do While ～ Loop 文、Do Loop ～ While 文を用いても、同様のプログラムを記述することができます。

例題 3-3 標準体重の計算式を用いて、身長と標準体重の対応を示す表を作成せよ。標準体重を計算する式は、以下の通りである。

標準体重 ＝ 身長^2 × 22

身長は 150cm から 190cm までに対して 2.5cm 刻みで表示せよ。

〔シート〕

以下のようにシートに入力し準備します。

	A	B
1	身長（cm）	標準体重（kg）
2		
3		
4		

〔プログラム〕

```
1  Sub Macro()
2      Dim h As Double
3      Dim i As Integer
4      i = 2
5      For h = 150 To 190 Step 2.5
6          Cells(i, 1).Value = h
7          Cells(i, 2).Value = Format(h * h / 10000 * 22, "####.##")
8          i = i + 1
9      Next h
10 End Sub
```

For 文を用いると、Step の後に増分値を小数で指定することができます。For 文で用いる制御変数は、必ずしも繰り返す回数を示すわけではありません。

〔実行結果〕

	A	B
1	身長（cm）	標準体重（kg）
2	150	49.5
3	152.5	51.16
4	155	52.86
5	157.5	54.57
6	160	56.32
7	162.5	58.09
8	165	59.9
9	167.5	61.72
10	170	63.58
11	172.5	65.46
12	175	67.38
13	177.5	69.31
14	180	71.28
15	182.5	73.27
16	185	75.3
17	187.5	77.34
18	190	79.42

例題 4-3 フィボナッチ数列

フィボナッチ数列[2]を表示せよ。フィボナッチ数列とは、以下の漸化式で示す数列である。

$$\begin{cases} fib(1)=1 \\ fib(2)=1 \\ fib(n)=fib(n-1)+fib(n-2) \qquad (n \geq 3) \end{cases}$$

n=20 までの値を求めよ。

第

4

章

プログラムの構造（繰返し）

---

2 ： フィボナッチ数列とは、自然数において、前の2つの数を加えると次の数になるという数列です。

〔アルゴリズム〕

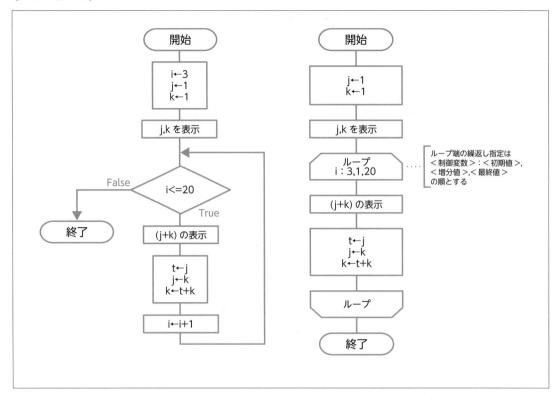

〔プログラム〕

```
1  Sub Macro()
2      Dim i As Integer, j As Integer, k As Integer, t As Integer
3      j = 1
4      k = 1
5      Cells(1, 1).Value = j
6      Cells(2, 1).Value = k
7      For i = 3 To 20
8          Cells(i, 1).Value = j + k
9          t = j
10         j = k
11         k = t + k
12     Next i
13 End Sub
```

　fib(1)=1、fib(2)=1 を各セル A1、A2 に入力し、Cells プロパティによりセル A3 から A20 までにフィボナッチ数列を入力します。フィボナッチ数列を求めるには For 文を用いて繰返しを記述します。

〔実行結果〕

	A
1	1
2	1
3	2
4	3
5	5
6	8
7	13
8	21
9	34
10	55
11	89
12	144
13	233
14	377
15	610
16	987
17	1597
18	2584
19	4181
20	6765

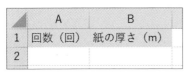 4-4 紙の2つ折り

非常に大きな紙があるとして、何度も2つ折りにすることを考える[3]。折った紙の厚さが富士山の高さ3776mを超えるのは何回折ったときか計算せよ。なお、紙1枚の厚さは0.1mmとし、2つ折りにするごとに紙の厚さが2倍になるとする。

最初0.1mmであった紙が、0.2mm、0.4mm、0.8mmと2倍になっていく様子を計算します。

なお、プログラム中では、整数値として計算するため、0.1mmを1とし、3776mは、37760000になります。表示する際にはFormat関数を用いてm(メートル)単位で表示します。なお、整数値として計算すると桁数が多くなるため、長整数型（Long型）を用います。

〔シート〕

以下のようにシートに入力し準備します。

	A	B
1	回数（回）	紙の厚さ（m）
2		

3： 実際には8回程度しか折れないことが知られています。本問では、永遠に折ることができると仮定します。

〔プログラム〕

```
1   Sub Macro()
2       Dim h As Long
3       Dim i As Integer
4       h = 1
5       i = 0
6       Cells(2, 1).Select
7       While h < 37760000
8           ActiveCell.Offset(i, 0).Value = i
9           ActiveCell.Offset(i, 1).Value = Format(h / 10000, "#.#####")
10          h = h * 2
11          i = i + 1
12      Wend
13      ActiveCell.Offset(i, 0) = i
14      ActiveCell.Offset(i, 1) = Format(h / 10000, "#.#####")
15  End Sub
```

7行目から12行目まで、While ～ Wend 文により、紙の厚さを計算する処理を記述します。

〔実行結果〕

	A	B
1	回数（回）	紙の厚さ（m）
2	0	0.0001
3	1	0.0002
4	2	0.0004
5	3	0.0008
6	4	0.0016
7	5	0.0032
8	6	0.0064
9	7	0.0128
10	8	0.0256
11	9	0.0512
12	10	0.1024
13	11	0.2048
14	12	0.4096
15	13	0.8192
16	14	1.6384
17	15	3.2768
18	16	6.5536
19	17	13.1072
20	18	26.2144
21	19	52.4288
22	20	104.8576
23	21	209.7152
24	22	419.4304
25	23	838.8608
26	24	1677.7216
27	25	3355.4432
28	26	6710.8864

以上のように 26 回折ったところで富士山の高さを超えることがわかります。

例題 4-5 標準体重の表

　例題 3-3 の BMI の計算式を用いて、身長、体重から BMI を計算し、肥満度を示す表を作成せよ。身長は 155cm から 180cm までに対して 2.5cm 刻みで、体重は 50kg から 92kg までに対して 3.5kg 刻みで表示せよ。

標準体重（kg）＝身長^2× 22
肥満度＝（体重−標準体重）/ 標準体重
BMI ＝体重 / 身長^2

〔プログラム〕

```
1   Sub Macro()
2       Dim i As Integer, j As Integer
3       Dim h As Double, w As Double, BMI As Double
4       j = 2
5       For w = 50 To 92 Step 3.5
6           Cells(1, j).Value = w
7           j = j + 1
8       Next w
9       i = 2
10      For h = 155 To 180 Step 2.5
11          j = 1
12          Cells(i, j).Value = h
13          j = j + 1
14          For w = 50 To 92 Step 3.5
15              BMI = w / h ^ 2 * 10000
16              Select Case BMI
17                  Case Is < 18.5
18                      Cells(i, j).Value = " 低体重 "
19                  Case Is < 25
20                      Cells(i, j).Value = " 普通体重 "
21                  Case Is < 30
22                      Cells(i, j).Value = " 肥満度 1"
23                  Case Is < 35
24                      Cells(i, j).Value = " 肥満度 2"
25                  Case Is < 40
26                      Cells(i, j).Value = " 肥満度 3"
27                  Case Else
28                      Cells(i, j).Value = " 肥満度 4"
29              End Select
30              j = j + 1
31          Next w
32          i = i + 1
33      Next h
34  End Sub
```

〔実行結果〕

	A	B	C	D	E	F	G	H	I	J	K	L	M	N
1		50	53.5	57	60.5	64	67.5	71	74.5	78	81.5	85	88.5	92
2	155	普通体重	普通体重	普通体重	肥満度1	肥満度1	肥満度1	肥満度1	肥満度2	肥満度2	肥満度2	肥満度3	肥満度3	肥満度3
3	157.5	普通体重	普通体重	普通体重	普通体重	肥満度1	肥満度1	肥満度1	肥満度2	肥満度2	肥満度2	肥満度2	肥満度3	肥満度3
4	160	普通体重	普通体重	普通体重	普通体重	肥満度1	肥満度1	肥満度1	肥満度1	肥満度2	肥満度2	肥満度2	肥満度2	肥満度3
5	162.5	普通体重	普通体重	普通体重	普通体重	普通体重	肥満度1	肥満度1	肥満度1	肥満度1	肥満度2	肥満度2	肥満度2	肥満度2
6	165	低体重	普通体重	普通体重	普通体重	普通体重	普通体重	肥満度1	肥満度1	肥満度1	肥満度1	肥満度2	肥満度2	肥満度2
7	167.5	低体重	普通体重	普通体重	普通体重	普通体重	普通体重	肥満度1	肥満度1	肥満度1	肥満度1	肥満度2	肥満度2	肥満度2
8	170	低体重	普通体重	普通体重	普通体重	普通体重	普通体重	普通体重	肥満度1	肥満度1	肥満度1	肥満度1	肥満度2	肥満度2
9	172.5	低体重	低体重	普通体重	普通体重	普通体重	普通体重	普通体重	肥満度1	肥満度1	肥満度1	肥満度1	肥満度1	肥満度2
10	175	低体重	低体重	普通体重	普通体重	普通体重	普通体重	普通体重	普通体重	肥満度1	肥満度1	肥満度1	肥満度1	肥満度2
11	177.5	低体重	低体重	低体重	普通体重	普通体重	普通体重	普通体重	普通体重	普通体重	肥満度1	肥満度1	肥満度1	肥満度1
12	180	低体重	低体重	低体重	普通体重	普通体重	普通体重	普通体重	普通体重	普通体重	肥満度1	肥満度1	肥満度1	肥満度1

練習問題

4-1

繰返し文を用いて、以下のように＊（アスタリスク）で四角形を表示せよ。

さらに2重ループを用いて以下のように三角形を表示せよ。

最後に、以下のようなひし形を表示せよ。ただし、文字列の先頭は _（アンダーライン）を用いよ。

	A
1	___*___
2	__***__
3	_*****_
4	*******
5	_*****_
6	__***__
7	___*___

4-2

例題 3-2 の東京の各月の平均気温（最高）の最大値と最小値を求める処理につき、繰返し文を用いて記述せよ。

4-3

文字列 "0123456789" を入力として逆順にした "9876543210" を表示するプログラムを作成せよ。

4-4

123456 を素因数分解したときの因数を表示せよ。

第 5 章

一次元配列

いくつかの変数をひとまとめにして、1つのデータとして扱う場合に配列（array）を用います。以下のような変数（箱）の集まりを示します。

	(0)	(1)	(2)	(3)	(4)	(5)
a						

図 5-1 整数型配列 a

配列には、名前をつけることができ、これを**配列名**（array name）といいます。各要素を指定するために、0からの番号がつき、これを**添字**（subscript）または**インデックス**（index）といいます。各要素は同じ大きさ、同じデータ型です。たとえば、上記配列を整数型で生成した場合、各要素に整数値を格納することができる整数型配列 a といい、添字は 0 から 5 まで 6 個の要素があります。

配列宣言と参照

配列も宣言する必要があります。

```
Dim ＜配列名＞（＜最大添字番号＞） As ＜データ型＞
```

上記の例では、次のように宣言し生成することができます。

```
Dim a(5) As Integer
```

各要素を参照する場合は、a(0)、a(1)、a(2)…と、括弧をつけて添字を指定します。

	(0)	(1)	(2)	(3)	(4)	(5)
a	27	82	87	77	72	7

図 5-2 整数型配列 a への値の代入

074

整数型配列 a を宣言し、各要素に整数値を代入し、セル A1 から A6 に表示するプログラムと実行結果は次のようになります。配列への代入、参照は、繰返し文を用いると簡単に記述することができます。

〔プログラム〕

```
1   Sub Macro()
2       Dim a(5) As Integer, Dim i As Integer
3       a(0) = 27: a(1) = 82: a(2) = 87
4       a(3) = 77: a(4) = 72: a(5) = 7
5       For i = 0 To 5
6           Cells(i + 1, 1).Value = a(i)
7       Next i
8   End Sub
```

〔実行結果〕

	A
1	27
2	82
3	87
4	77
5	72
6	7

UBound 関数と LBound 関数

　配列の添字の上限を返す UBound 関数と、下限を返す LBound 関数があります。

```
UBound( <配列名> )
LBound( <配列名> )
```

〔プログラム〕

　以下のように記述します。

```
1   Sub Macro()
2       Dim a(10) As Integer
3       a(0) = 123
4       a(1) = 234
5       Cells(1, 1).Value = LBound(a)
6       Cells(1, 2).Value = UBound(a)
7   End Sub
```

◢	A	B
1	0	10

配列の初期化

Erase 文を用いて、配列の初期化をすることができます。数値の場合には、0（ゼロ）で初期化し、文字列の場合は、空文字列（null string、vbNullString）で初期化します。

```
1   Sub Macro()
2       Dim a(10) As Integer, i As Integer
3       For i = 0 To 10
4           a(i) = i
5       Next i
6       For i = 0 To 10
7           Cells(i + 1, 1).Value = a(i)
8       Next i
9       Erase a
10      For i = 0 To 10
11          Cells(i + 1, 2).Value = a(i)
12      Next i
13  End Sub
```

Array 関数を用いて要素ごとに個別の値で初期化することもできます。データ型は Variant 型で宣言します。配列の大きさは、要素の個数となります。

```
1   Sub Macro()
2       Dim i As Integer
3       Dim vv() As Variant
4       Dim vvv() As Variant
5       vv = Array(1, 2, 3, 4, 5, 6)
6       vvv = Array("school", "text", "address")
7       For i = 0 To 5
8           Cells(i + 1, 1).Value = vv(i)
9       Next i
10      For i = 0 To 2
11          Cells(i + 1, 2).Value = vvv(i)
12      Next i
13  End Sub
```

Option Base 文

配列の添字の下限は 0（ゼロ）でしたが、Option Base 文により変更することができます。たとえば、Option Base 1 と記述することにより、下限を 1 に変更することができます。

例題 1-2 平均気温で示した東京の気温データを用いて、各月の平均気温（最高／最低）の平均を求めよ。さらに、各月の平均気温（最高／最低）の最大値と最小値を求めよ。

〔シート〕

準備としてシートに気温データを入力します。

	A	B	C	D	E	F	G	H	I	J	K	L	M	N	O	P
1	東京の平均気温 （℃）															
2		1月	2月	3月	4月	5月	6月	7月	8月	9月	10月	11月	12月	平均	最大	最小
3	最高	10	10	13	19	23	26	30	31	27	22	17	12			
4	最低	2	2	5	10	15	19	23	24	21	15	9	4			
5																

〔プログラム〕

```
1   Sub Macro()
2       Dim ma(1 To 12) As Integer, mi(1 To 12) As Integer
3       Dim maxmax As Integer, maxmin As Integer
4       Dim minmax As Integer, minmin As Integer
5       For i = 1 To 12
6           ma(i) = Cells(3, i + 1).Value
7           mi(i) = Cells(4, i + 1).Value
8       Next i
9       For i = 1 To 12
10          SA = SA + ma(i)
11          SI = SI + mi(i)
12      Next i
13      Cells(3, 14).Value = Format(SA / 12, "###.##")
14      Cells(4, 14).Value = Format(SI / 12, "###.##")
15      maxmax = ma(1): maxmin = ma(1)
16      minmax = mi(1): minmin = mi(1)
17      For i = 2 To 12
18          If maxmax < ma(i) Then maxmax = ma(i)
19          If maxmin > ma(i) Then maxmin = ma(i)
20          If minmax < mi(i) Then minmax = mi(i)
21          If minmin > mi(i) Then minmin = mi(i)
22      Next i
23      Cells(3, 15).Value = maxmax
24      Cells(3, 16).Value = maxmin
25      Cells(4, 15).Value = minmax
26      Cells(4, 16).Value = minmin
27  End Sub
```

第 5 章

一次元配列

配列宣言時は、以下のように最小添字番号を指定して宣言することもできます。

Dim ＜配列名＞（＜最小添字番号＞ To ＜最大添字番号＞）As ＜データ型＞

〔実行結果〕

▲	A	B	C	D	E	F	G	H	I	J	K	L	M	N	O	P
1	東京の平均気温（℃）															
2		1月	2月	3月	4月	5月	6月	7月	8月	9月	10月	11月	12月	平均	最大	最小
3	最高	10	10	13	19	23	26	30	31	27	22	17	12	20	31	10
4	最低	2	2	5	10	15	19	23	24	21	15	9	4	12.42	24	2
5																

例題 5-2 フィボナッチ数列（2）

例題 4-3 で説明したフィボナッチ数列を配列を用いて計算し表示せよ。n=20 までの値を求めよ。

〔アルゴリズム〕

配列を用いる場合は、以下の流れ図となります。

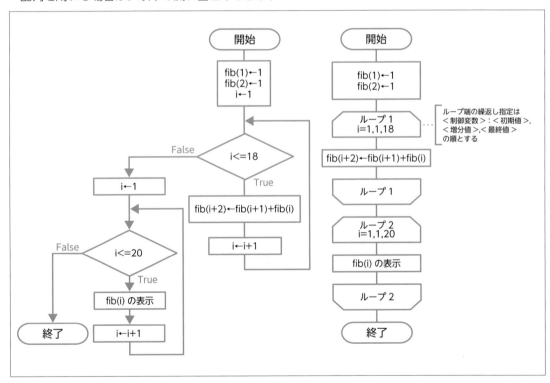

〔プログラム〕

```
1   Sub Macro()
2       Dim fib(20) As Integer
3       fib(1) = 1
4       fib(2) = 1
5       For i = 1 To 18
6           fib(i + 2) = fib(i + 1) + fib(i)
7       Next i
8       For i = 1 To 20
9           Cells(i, 1).Value = fib(i)
10      Next i
11  End Sub
```

For 文を用いて計算し、いったん配列にフィボナッチ数列を格納し表示します。

漸化式で示したアルゴリズムを配列を用いて記述すると、わかりやすいプログラムとなります。

〔実行結果〕

	A
1	1
2	1
3	2
4	3
5	5
6	8
7	13
8	21
9	34
10	55
11	89
12	144
13	233
14	377
15	610
16	987
17	1597
18	2584
19	4181
20	6765

第5章

一次元配列

例題 5-3 成績処理（偏差値）

20人の学生の英語の試験の点が以下のようであった。各学生の偏差値を求めよ。

氏名	英語
赤井	64
安藤	82
青山	98
有吉	76
浅井	83
浅野	63
浅岡	73
千葉	9
江口	88
遠藤	94
藤井	39
藤木	45
藤原	21
福永	58
船橋	99
古川	17
二村	82
花井	38
原田	88
橋本	100

〔偏差値の求め方〕

n人の各学生の点をχ_iとします。平均（$\bar{\chi}$）と、標準偏差（σ）は以下のように表すことができます。

$$\bar{\chi} = \frac{\sum_{i=1}^{n} \chi_i}{n}$$

$$\sigma = \sqrt{\frac{\sum_{i=1}^{n}(\chi_i - \bar{\chi})^2}{n}}$$

各学生の偏差値（o_i）は、以下のようになります。

$$o_i = 50 + \frac{\chi_i - \bar{\chi}}{\sigma} \times 10$$

〔シート〕

以下のように各学生の試験の点をシートに入力し準備します。

	A	B	C
1	氏名	英語	偏差値
2	赤井	64	
3	安藤	82	
4	青山	98	
5	有吉	76	
6	浅井	83	
7	浅野	63	
8	浅岡	73	
9	千葉	9	
10	江口	88	
11	遠藤	94	
12	藤井	39	
13	藤木	45	
14	藤原	21	
15	福永	58	
16	船橋	99	
17	古川	17	
18	二村	82	
19	花井	38	
20	原田	88	
21	橋本	100	

〔プログラム〕

```
1   Sub Macro()
2       Dim i As Integer, S As Integer, SS As Integer
3       Dim sc(21) As Integer
4       Dim a As Double, d As Double, sd As Double, sv As Double
5       For i = 1 To 20
6           sc(i) = Cells(i + 1, 2).Value
7           S = S + sc(i)
8       Next i
9       a = S / 20
10      For i = 1 To 20
11          SS = SS + (sc(i) - a) ^ 2
12      Next i
13      d = SS / 20
14      sd = Math.Sqr(d)
15      For i = 1 To 20
16          sv = 10 * (sc(i) - a) / sd + 50
17          Cells(i + 1, 3).Value = Format(sv, "###.##")
18      Next i
19  End Sub
```

5行目から8行目でS（整数型変数）に学生の得点の合計を求め、9行目でa（倍精度浮動小数点型変数）に平均点を求めます。同様に、10行目から13行目でd（倍精度浮動小数点型変数）に各

学生の得点と平均との差の2乗平均を求めます。14行目で標準偏差を求め、15行目から18行目で各学生の偏差値を求めています。

〔実行結果〕

	A	B	C
1	氏名	英語	偏差値
2	赤井	64	49.34
3	安藤	82	55.77
4	青山	98	61.48
5	有吉	76	53.63
6	浅井	83	56.13
7	浅野	63	48.98
8	浅岡	73	52.55
9	千葉	9	29.69
10	江口	88	57.91
11	遠藤	94	60.05
12	藤井	39	40.41
13	藤木	45	42.55
14	藤原	21	33.98
15	福永	58	47.2
16	船橋	99	61.84
17	古川	17	32.55
18	二村	82	55.77
19	花井	38	40.05
20	原田	88	57.91
21	橋本	100	62.2

例題 5-4 ヒストグラム

20 人の学生の英語の試験の点が以下のようであった。

氏名	英語
赤井	64
安藤	82
青山	98
有吉	76
浅井	83
浅野	63
浅岡	73
千葉	9
江口	88
遠藤	94
藤井	39
藤木	45
藤原	21
福永	58
船橋	99
古川	17
二村	82
花井	38
原田	88
橋本	100

ここで、英語の試験の点のヒストグラムを作ることを考える。整数型配列 a に英語の試験の点をあらかじめ格納し、整数型配列 h に度数を格納した後、アスタリスク（＊）を用いて度数分布表を表示しなさい。

ヒストグラムとは、統計で度数分布を示すグラフの 1 つです。ここでは、横軸に度数をとり、縦軸に階級をとります。

第 5 章

一次元配列

〔アルゴリズム〕

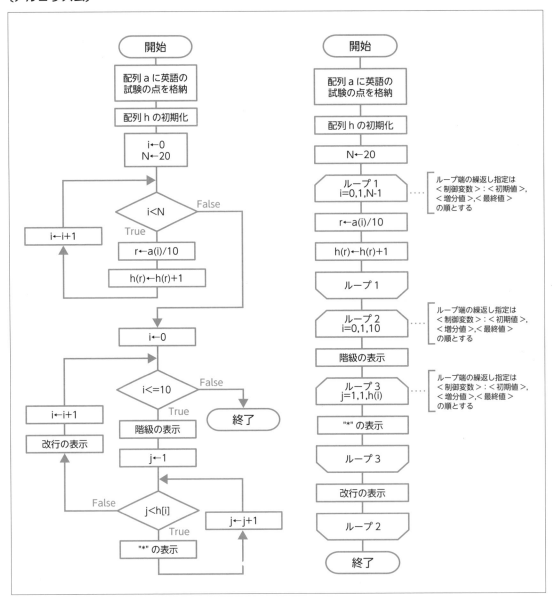

〔プログラム〕

```
1   Sub Macro()
2       Dim a As Variant
3       Dim h(11) As Integer
4       Dim i As Integer, j As Integer, r As Integer, N As Integer
5       N = 20
6       a = Array(64, 82, 98, 76, 83, 63, 73, 9, 88, 94, 39, 45, 21, 58, 99, _
7           17, 82, 38, 88, 100)
8       For i = 0 To 10
9           h(i) = 0
10      Next i
```

```
11       For i = 0 To N - 1
12           r = Int(a(i) / 10)
13           h(r) = h(r) + 1
14       Next i
15       For i = 0 To 10
16           Cells(i + 1, 1).Value = i * 10
17           For j = 1 To h(i)
18               Cells(i + 1, j + 1).Value = "*"
19           Next j
20       Next i
21   End Sub
```

〔実行結果〕

	A	B	C	D	E	F	G
1	0	*					
2	10	*					
3	20	*					
4	30	*	*				
5	40	*					
6	50	*					
7	60	*	*				
8	70	*	*				
9	80	*	*	*	*	*	
10	90	*	*	*			
11	100	*					
12							

5-1

2 から 30 までの約数を求め、シート上に表示しなさい。

5-2

10 種類のフルーツがある。それぞれ何個か購入するとき、入金額に対して支払総額とおつりを計算せよ。

	A	B	C	D
1		単価（円）	個数（個）	
2	バナナ	150	1	
3	みかん	100	0	
4	なし	190	2	
5	メロン	500	0	
6	かき	200	3	
7	すいか	380	4	
8	キウイ	170	0	
9	もも	240	5	
10	ぶどう	400	6	
11	いちじく	350	7	
12				
13	入金	10000		
14				

第

5

章

一次元配列

第 **6** 章

シート

Excel で作成するファイルは**ブック形式**（book format）で保存し、複数のシートを保持しています。各シートはセルで構成されています。画面上の**列**（column）はアルファベット、**行**（row）は数字で示されます。

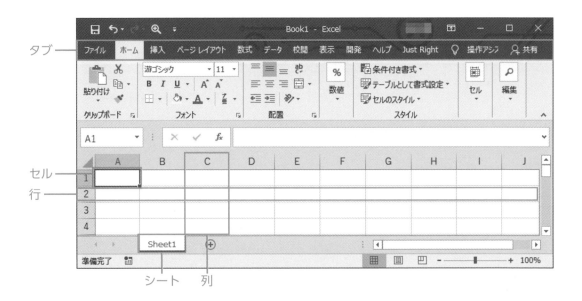

〔セル位置の指定〕

セル位置の指定には、Range プロパティと Cells プロパティの 2 つの方法があります。

たとえばセル B4 の位置を指定する場合は次のようになります。

- Range プロパティでの指定方法：Range(" 英数字 ")　　例 Range("B4")
- Cells プロパティでの指定方法　：Cells(行 , 列)　　　例 Cells(4, 2)

セルに入力した値や数式を参照し代入するには、Value プロパティや Formula プロパティをさらに追加します。

〔シートの指定〕

　ブック形式で保存したファイルは複数のシートを保持し、各シートを名前により指定することができます。たとえば、A1 セルを指定する場合でも、そのセルを保持するシートを指定することができ、さらに、複数のシートを跨いで処理することができます。

- **シートの設定方法**：`Worksheets（シート名）`

〔例〕

`Worksheets("Sheet1").Range("B4")`

	A	B	C
1	A1	B1	C1
2	A2	B2	C2
3	A3	B3	C3
4	A4	B4	C4
5	A5	B5	C5

Sheet1　Sheet2　Sheet3

`Worksheets("Sheet1").Cells(4, 2)`

	A	B	C
1	(1, 1)	(1, 2)	(1, 3)
2	(2, 1)	(2, 2)	(2, 3)
3	(3, 1)	(3, 2)	(3, 3)
4	(4, 1)	(4, 2)	(4, 3)
5	(5, 1)	(5, 2)	(5, 3)

Sheet1　Sheet2　Sheet3

　以上の指定により、任意のシート、任意のセルやブロックを参照することができます。

Value プロパティと Formula プロパティ

　セルに値を入力するためには Value プロパティを用いましたが、数式をセルに入力する際には Formula プロパティを用います。数式を入力する際にセル位置を指定するには、A1 形式または、R1C1 形式で記述します。

〔A1 形式と R1C1 形式〕

　セル位置を指定する際に、列を示すアルファベットと行を示す数字の組で指定する方法を A1 形式といい、行と列をそれぞれ数字で指定する方法を R1C1 形式といいます。R1C1 形式を用いて相対参照や絶対参照を指定し、入力するには FormulaR1C1 と記述します。

〔例：A1 形式〕

```
Range("C1").Value = "=A1+B1"
Range("C1").Formula = "=A1+B1"
Cells(1, 3).Formula = "=A1+B1"
```

〔例：R1C1 形式〕

```
Cells(1, 3).FormulaR1C1 = "=R1C1+R1C2"
Range("C1").FormulaR1C1 = "=RC[-2]+RC[-1]"
```

相対参照と絶対参照

　数式の中でセル位置を指定する場合、A3、E5 のように直接セル位置を指定することができますが（A1 形式）、数式全体を他のセルにコピー（複製）すると、数式中のセル位置が数式を入力したセル位置と相対的な位置（相対位置）に自動的に変換されます。これを**相対参照**（relative reference）といいます。

　数式を入力したセルの位置に関わらず指定したセル位置が変換しないようにするためには各列または各行の先頭に＄記号をつけます。これを**絶対参照**（absolute reference）といいます（A1 形式）。

　R1C1 形式の場合は R または C の後に［ ］（鍵括弧）をつけ、相対位置を数字で指定することができます（負の数も可）。絶対位置を指定する場合は、鍵括弧をつけずに数字で指定します（例題 6-3）。

ブック、シート、セルの活性化と選択

　複数のシートをブック形式として保存し処理することができますが、各ブック、シート、セルを選択し、処理の対象とすることを**活性化**（Activate）といいます。Activate プロパティを用いて活性化します。さらに、活性化したブック、シート、セル、それぞれを ActiveWorkbook、ActiveSheet、ActiveCell といいます。たとえば、VBA プログラムが保存されているブック形式のファイル "Book1.xlsm" のシート "Sheet1" のセル A1 に、" 文字列 " を代入するプログラムは、以下のようになります。

```
Workbooks("Book1.xlsm").Activate
ActiveWorkbook.Sheets("Sheet1").Activate
ActiveSheet.Range("A1").Activate
ActiveCell.Value = " 文字列 "
```
ActiveCell プロパティは、単一セルを参照します。
　複数のオブジェクトを選択し、処理の対象とするためには、Select プロパティを用います。たとえば、
```
Range("A1:A9").Select
```
と記述し、A1:A9 ブロックを選択します[1]。

Offset プロパティ

　Range プロパティや、Cells プロパティでセルを示し、さらに、相対座標により、別のセルを示すプロパティを Offset プロパティといいます。
```
Offset( ＜行＞ , ＜列＞ )
```
　上記のように記述すると、選択したセルに対して記述した（ ＜行＞ , ＜列＞ ）分だけずれたセルを示します。たとえば、セル B5 を活性化するためには、以下のように記述します。

---

1 ： 同様に、複数のブック、複数のシートも選択することができますが、本書では扱いません。

```
Range("A1").Offset(1,1).Activate
```

<行>、<列>には、整数値を指定することができ、繰返し文を用いて複数のセルを処理する場合などに記述します。Offset プロパティで指定する際には、<行><列>の順番であることに注意しましょう。

例題 6-1 表の変換

Sheet1 の名前を「果物リスト」に、Sheet2 の名前を「オーダー」に変更し、以下の表を作成せよ。

〔実行結果〕

	A	B	C	D	E	
1	名称	色	値段			
2	桃	ピンク	120			
3	バナナ	黄	100			
4	キウイ	緑	100			
5	レモン	青	130			
6	グアバ	赤	200			
7	梨	空	150			
8						
9						

果物リスト　オーダー

	A	B	C	D	E
1	メンバー	オーダー			
2	吉川	キウイ			
3	根津	バナナ			
4	山田	桃			
5	真鍋	バナナ			
6	相川	梨			
7	伊藤	キウイ			
8	陸田	レモン			
9					
10					
11					

果物リスト　オーダー

各セルに値を入力するには、Range プロパティでセルを指定し、Value プロパティを用います。

〔プログラム〕

```
1    Sub Macro()
2        If Worksheets.Count = 1 Then
3            Worksheets.Add
4        End If
5        If Worksheets(1).Name <> "果物リスト" Then
6            Worksheets(1).Name = "果物リスト"
7        End If
8        If Worksheets(2).Name <> "オーダー" Then
9            Worksheets(2).Name = "オーダー"
10       End If
11       Worksheets("果物リスト").Range("A1").Value = "名称"
12       Worksheets("果物リスト").Range("B1").Value = "色"
13       Worksheets("果物リスト").Range("C1").Value = "値段"
14       Worksheets("果物リスト").Range("A2").Value = "桃"
15       Worksheets("果物リスト").Range("B2").Value = "ピンク"
16       Worksheets("果物リスト").Range("C2").Value = 120
17       Worksheets("果物リスト").Range("A3").Value = "バナナ"
18       Worksheets("果物リスト").Range("B3").Value = "黄"
19       Worksheets("果物リスト").Range("C3").Value = 100
20       Worksheets("果物リスト").Range("A4").Value = "キウイ"
21       Worksheets("果物リスト").Range("B4").Value = "緑"
22       Worksheets("果物リスト").Range("C4").Value = 100
23       Worksheets("果物リスト").Range("A5").Value = "レモン"
24       Worksheets("果物リスト").Range("B5").Value = "青"
25       Worksheets("果物リスト").Range("C5").Value = 130
26       Worksheets("果物リスト").Range("A6").Value = "グアバ"
27       Worksheets("果物リスト").Range("B6").Value = "赤"
28       Worksheets("果物リスト").Range("C6").Value = 200
29       Worksheets("果物リスト").Range("A7").Value = "梨"
30       Worksheets("果物リスト").Range("B7").Value = "空"
31       Worksheets("果物リスト").Range("C7").Value = 150
32       Worksheets("オーダー").Range("A1").Value = "メンバー"
33       Worksheets("オーダー").Range("B1").Value = "オーダー"
34       Worksheets("オーダー").Range("A2").Value = "吉川"
35       Worksheets("オーダー").Range("B2").Value = "キウイ"
36       Worksheets("オーダー").Range("A3").Value = "根津"
37       Worksheets("オーダー").Range("B3").Value = "バナナ"
38       Worksheets("オーダー").Range("A4").Value = "山田"
39       Worksheets("オーダー").Range("B4").Value = "桃"
40       Worksheets("オーダー").Range("A5").Value = "真鍋"
41       Worksheets("オーダー").Range("B5").Value = "バナナ"
42       Worksheets("オーダー").Range("A6").Value = "相川"
43       Worksheets("オーダー").Range("B6").Value = "梨"
44       Worksheets("オーダー").Range("A7").Value = "伊藤"
45       Worksheets("オーダー").Range("B7").Value = "キウイ"
46       Worksheets("オーダー").Range("A8").Value = "陸田"
47       Worksheets("オーダー").Range("B8").Value = "レモン"
48   End Sub
```

例題 6-1 のプログラムは、ワークシート上のセルに値を入力するプログラムです。例題 6-2 以降の問題を解くにあたり、セルに直接値を入力して各例題のプログラムを実行しても結構です。

例題 **6-2 表の色付け**

例題 6-1 に続き、下記の通り「オーダー」シートの列 B の果物に対し色付けをせよ（例題 6-1 で使用した色を参照する）。さらに、「オーダー」シートの C1 に「値段」と入力し、列 C の C2 から C8 までに「果物リスト」シートの果物の名前に対応する値段を表示せよ。

〔実行結果〕

	A	B	C	D	E	F
1	メンバー	オーダー	値段			
2	吉川	キウイ	100			
3	根津	バナナ	100			
4	山田	桃	120			
5	真鍋	バナナ	100			
6	相川	梨	150			
7	伊藤	キウイ	100			
8	陸田	レモン	130			
9						
10						

果物リスト　オーダー　＋

〔プログラム〕

```
1   Sub Macro()
2       Worksheets(" オーダー ").Range("C1").Value = " 値段 "
3       Dim i As Integer, j As Integer, cn As Integer
4       Dim f As String
5       For i = 2 To 8
6           f = Worksheets(" オーダー ").Cells(i, 2).Value
7           For j = 2 To 7
8               If Worksheets(" 果物リスト ").Cells(j, 1).Value = f Then
9                   Exit For
10              End If
11          Next j
12          c = Worksheets(" 果物リスト ").Cells(j, 2).Value
13          Select Case c
14          Case " ピンク "
15              cn = 38
16          Case " 黄 "
17              cn = 27
18          Case " 緑 "
19              cn = 4
20          Case " 青 "
21              cn = 5
```

```
22          Case "赤"
23              cn = 3
24          Case "空"
25              cn = 8
26          End Select
27          Worksheets("オーダー").Cells(i, 2).Interior.ColorIndex = cn
28          Worksheets("オーダー").Cells(i, 3).Value = _
29           Worksheets("果物リスト").Cells(j, 3).Value
30      Next i
31  End Sub
```

例題 **6-3 注文個数と合計**

例題 6-2 に続き「果物リスト」シートの列 D1 に「注文数」、列 E1 に「小計」と入力せよ。

列 D（D2 ～ D7）に、「オーダー」シートの列 B に入力した各果物の個数を表示せよ（注文は 1 人 1 個とする）。列 E（E2 ～ E7）に、値段と注文数をかけ合わせた小計を表示せよ。

また、8 行目にも「合計」欄を追加し、列 D（D2 ～ D7）注文と E 列の小計の合計を表示せよ。

〔実行結果〕

	A	B	C	D	E	F	G
1	名称	色	値段	注文個数	小計		
2	桃	ピンク	120	1	120		
3	バナナ	黄	100	2	200		
4	キウイ	緑	100	2	200		
5	レモン	青	130	1	130		
6	グアバ	赤	200	0	0		
7	梨	空	150	1	150		
8	合計			7	800		
9							
10							

果物リスト | オーダー | 情報 | ⊕

〔プログラム〕

```
1  Sub Macro()
2      Worksheets("果物リスト").Range("D1").Value = "注文個数"
3      Worksheets("果物リスト").Range("E1").Value = "小計"
4      Worksheets("果物リスト").Range("A8").Value = "合計"
5      Dim i As Integer, cnt As Integer, p As Integer
6      For i = 2 To 7
7          f = Worksheets("果物リスト").Cells(i, 1).Value
8          cnt = 0
9          For j = 2 To 8
10             If Worksheets("オーダー").Cells(j, 2).Value = f Then
```

094

```
11              cnt = cnt + 1
12          End If
13      Next j
14      Worksheets(" 果物リスト ").Cells(i, 4).Value = cnt
15      p = Worksheets(" 果物リスト ").Cells(i, 3).Value
16      Worksheets(" 果物リスト ").Cells(i, 5).Value = p * cnt
17      Worksheets(" 果物リスト ").Cells(8, 4).FormulaR1C1 = _
18          "=SUM(R[-6]C:R[-1]C)"
19      Worksheets(" 果物リスト ").Cells(8, 5).FormulaR1C1 = _
20          "=SUM(R[-6]C:R[-1]C)"
21   Next i
22 End Sub
```

例題 6-4 ヒストグラム

例題 5-4 のプログラムを ActiveCell と Offset プロパティを用いて書き直しなさい。

〔プログラム〕

```
1  Sub Macro()
2      Dim a As Variant
3      Dim h(11) As Integer
4      Dim i As Integer, j As Integer, r As Integer, N As Integer
5      N = 20
6      a = Array(64, 82, 98, 76, 83, 63, 73, 9, 88, 94, 39, 45, 21, 58, 99, _
7          17, 82, 38, 88, 100)
8      For i = 0 To 10
9          h(i) = 0
10     Next i
11     For i = 0 To N - 1
12         r = Int(a(i) / 10)
13         h(r) = h(r) + 1
14     Next i
15     For i = 0 To 10
16         Cells(i + 1, 1).Select
17         ActiveCell.Offset(0, 0).Value = i * 10
18         For j = 1 To h(i)
19             ActiveCell.Offset(0, j).Value = "*"
20         Next j
21     Next i
22 End Sub
```

〔実行結果〕

	A	B	C	D	E	F	G
1	0	*					
2	10	*					
3	20	*					
4	30	*	*				
5	40	*					
6	50	*					
7	60	*	*				
8	70	*	*				
9	80	*	*	*	*	*	
10	90	*	*	*			
11	100	*					
12							

練習問題

6-1

身近な環境でオーダー表を設計し、本章と同様に計算せよ。商品についてもわかりやすく色付けをせよ。

6-2

練習問題 5-1 のプログラムを ActiveCell と Offset を用いて書き直しなさい。

6-3

毎日貯金することを考える。1 日目は 1 円、2 日目は 2 円、3 日目は 4 円というように、毎日倍額貯金すると、貯金総額が 100 万円を超えるのは何日目かを求め表示せよ。

主なExcel関数と VBA関数

　Excel には様々な関数が備わっており、セルに数式として入力することにより計算することができます。さらに、VBA をマクロ言語として用いセルと数式を入力しながら、プログラミングすることにより、機能を拡張することができます。さらに、VBA プログラムから直接呼び出すことができる関数があります（ワークシート関数と VBA 関数）。

　本章では、VBA によりプログラミングする際に、Excel 関数を用いることで効率よく計算することができる例と VBA 関数を呼び出しながら効率よく計算することができる例を説明します。

 ## 主な Excel 関数

　Excel には様々な関数機能が備わっており、事務処理を実行することができますが、さらに、VBA でプログラミングすることで定型処理を繰り返し実行したり、ボタンなどを使ってより本格的な処理を記述することができます。第 1 章や第 6 章で説明したように、Excel 関数を用いた数式を文字列としてセルに入力して実行することができます。

　本章では主な Excel 関数を説明し、VBA プログラミングの例を説明します。主な Excel 関数は以下の通りです。全てを覚える必要はありませんが、VBA プログラミング中で用いると便利です。

　Excel 関数は、次節で説明するようにワークシート関数として VBA から直接呼び出すこともできます。

　三角関数などの数学関数は、VBA でも用いることができるので省略しました。

関数	内容
ABS	数値の絶対値を返します。
AND	引数すべてが True のときに True を返します。
AVERAGE	引数の平均値を返します。
BASE	指定した基数（底）のテキスト表現に、数値を変換します。
BIN2DEC	2 進数を 10 進数に変換します。
BIN2HEX	2 進数を 16 進数に変換します。
BIN2OCT	2 進数を 8 進数に変換します。

CEILING	指定した基準値の倍数のうち、最も近い値に数値を丸めます。
CELL	セルの書式、位置、内容についての情報を返します。
CHAR	数値で指定した文字を返します。
CHOOSE	引数の値の中から特定の値を 1 つ選択します。
COLUMN	セル参照の列番号を返します。
COMBIN	指定した個数を選択するときの組合わせの数を返します。
CONCATENATE	複数の文字列を結合して 1 つの文字列にまとめます。
CONVERT	数値の単位を変換します。
COUNT	引数の各項目に含まれる数値の個数を返します。
COUNTA	引数の各項目に含まれるデータの個数を返します。
COUNTIF	指定した範囲に含まれるセルのうち、検索条件に一致するセルの個数を返します。
DATE	指定した日付に対応するシリアル値を返します。
DATEVALUE	日付を表す文字列をシリアル値に変換します。
DAY	シリアル値を日付に変換します。
DAYS	2 つの日付間の日数を返します。
DEC2BIN	10 進数を 2 進数に変換します。
DEC2HEX	10 進数を 16 進数に変換します。
DEC2OCT	10 進数を 8 進数に変換します。
DEGREES	ラジアンを度に変換します。
DELTA	2 つの値が等しいかどうかを調べます。
ERROR.TYPE	エラーの種類に対応する数値を返します。
EVEN	指定された数値を最も近い偶数に切り上げた値を返します。
EXP	e を底とする数値のべき乗を返します。
FACT	数値の階乗を返します。
FALSE	論理値 False を返します。
FIND、FINDB	指定した文字列を他の文字列の中で検索します。大文字と小文字は区別します。
FIXED	数値を四捨五入し、書式設定した文字列に変換します。
HEX2BIN	16 進数を 2 進数に変換します。
HEX2DEC	16 進数を 10 進数に変換します。
HEX2OCT	16 進数を 8 進数に変換します。
HOUR	シリアル値を時刻に変換します。
IF	値または数式が条件を満たしているかどうかを判定します。
IFERROR	数式の結果がエラーの場合は指定した値を返し、それ以外の場合は数式の結果を返します。
INT	指定した数値を最も近い整数に切り捨てます。
ISBLANK	引数が空白セルを参照するときに True を返します。
ISERR	引数が #N/A 以外のエラー値のときに True を返します。
ISERROR	引数が任意のエラー値のときに True を返します。
ISEVEN	引数が偶数のときに True を返します。
ISLOGICAL	引数が論理値のときに True を返します。
ISNA	引数がエラー値 #N/A のときに True を返します。
ISNONTEXT	引数が文字列以外のときに True を返します。
ISNUMBER	引数が数値のときに True を返します。
ISODD	数値が奇数のときに True を返します。

ISREF	引数がセル参照のときに True を返します。
ISTEXT	引数が文字列のときに True を返します。
LEFT、LEFTB	文字列の左から指定した文字数の文字を返します。
LEN、LENB	文字列の文字数を返します。
LOWER	文字列の英字小文字に変換します。
MAX	引数に含む最大の数値を返します。
MID、MIDB	文字列の任意の位置から指定した文字数の文字を返します。
MIN	引数に含まれる最小の数値を返します。
NA	エラー値 #N/A を返します。
NOT	引数（論理値）の否定を返します。
OCT2BIN	8 進数を 2 進数に変換します。
OCT2DEC	8 進数を 10 進数に変換します。
OCT2HEX	8 進数を 16 進数に変換します。
ODD	指定した数値を最も近い奇数に切り上げた値を返します。
OR	いずれかの引数が True のときに True を返し、すべて False のときに False を返します。
PI	円周率 π を返します。
POWER	数値のべき乗を返します。
PRODUCT	引数の積を返します。
PROPER	文字列に含まれる英単語の先頭文字だけを大文字に変換します。
RAND	0 以上 1 未満の乱数を返します。
RANK	数値の中で、指定した数値の序列を返します。
REPT	文字列を指定された回数だけ繰り返して表示します。
RIGHT、RIGHTB	文字列の右から指定された文字数の文字を返します。
ROMAN	アラビア数字を、ローマ数字を表す文字列に変換します。
ROUND	引数を四捨五入して指定された桁数にします。
ROUNDDOWN	引数を指定した桁数で切り捨てます。
ROUNDUP	引数を指定した桁数に切り上げます。
SEARCH、SEARCHB	指定した文字列を他の文字列の中で検索します。大文字と小文字は区別されません。
SHEET	参照するシートのシート番号を返します。
SHEETS	参照内のシート数を返します。
SMALL	指定したデータの中で、k 番目に小さなデータを返します。
SUBSTITUTE	文字列中の指定した文字を他の文字に置き換えます。
SUM	引数を合計します。
SUMIF	指定した検索条件に一致するセルの値を合計します。
SUMIFS	セル範囲内で、複数の検索条件を満たすセルの値を合計します。
SUMPRODUCT	指定された配列で対応する要素の積を合計します。
SUMSQ	引数の 2 乗の和（平方和）を返します。
T	引数を文字列に変換します。
TRIM	文字列から余分なスペースを削除します。
TRUE	論理値 True を返します。
TRUNC	数値の小数部を切り捨てて、整数または指定された桁数にします。
TYPE	データ型を表す数値を返します。
UPPER	文字列に含まれる英字をすべて大文字に変換します。
VALUE	文字列を数値に変換します。

| XOR | すべての引数の排他的論理和を返します。 |

図 7-1 主な Excel 関数

以下に、Excel 関数を用いた例題を示し説明します。

ワークシート関数

Excel関数は、セルに入力しなくても、プログラムから直接呼び出し、VBAから使うことができます。この場合の Excel 関数をワークシート関数といいます。

たとえば、Excel 関数である PI 関数を呼び出すためには、以下のように記述します。

```
Application.WorksheetFunction.Pi( )
```

このように、Excel 関数の名前に対して Application.WorksheetFunction を接頭辞としてつけ足して呼び出します。

引数にブロックを指定する場合は、Range プロパティを用いることができます（例題 7-4）。

VBA 関数

VBA 独自の関数があり、プログラムから呼び出すことができます。

1. **数学関数**
2. **日付関数／時刻関数**
3. **文字列操作関数**
4. **データ型変換関数**
5. **財務関数**
6. **配列関数／エラー関数**
7. **制御関数／入出力関数**
8. **ファイル関数／フォルダ関数**
9. **Windows 関数**
10. **その他**

文字列関数は、第 4 章で説明しました。

財務関数、制御関数／入出力関数、ファイル関数／フォルダ関数、Windows 関数、その他の関数は、本書では省略します。

関数	内容
Abs	絶対値を計算します。
Array	数値が配列として格納した Variant 型の値を返します。

Atn	arc tangent を計算します。
Cbool	式を Boolean 型に変換します。
Cbyte	式を Byte 型に変換します。
Ccur	式を Currency 型に変換します。
Cdate	式を Date 型に変換します。
CDbl	式を Double 型に変換します。
Cdec	式を Decimal 型に変換します。
Cint	式を Integer 型に変換します。
CLng	式を Long 型に変換します。
Cos	cos を計算します。
CSng	式を Single 型に変換します。
CStr	式を String 型に変換します。
Cvar	式を Variant 型に変換します。
CVDate	Variant 型の日付を返します。
CVErr	エラー番号を Variant 型の値に変換します。
Date	日付を計算します。
DateAdd	指定した期間を加えた日付を計算します。
DateDiff	2 つの日付の差を計算します。
DatePart	日付の一部分を計算します。
DateSerial	日付に対応する Variant 型の値を計算します。
DateValue	日付を表す Variant 型の値を計算します。
Day	日付から、日を表す値を計算します。
Error	エラー番号に対応するエラーメッセージを返します。
Exp	指数関数を計算します。
Fix	整数部分を返します。引数が負の場合は、値を超える最小の負の整数を計算します。
Hour	日付から、時間を表す値を計算します。
Int	数値の整数部分を抽出します。数値が負の場合は、値を超えない最大の負の整数を返します。
IsArray	変数が配列かどうかをチェックした結果の論理値を返します。
IsDate	式が日付に変換できるかどうかをチェックし論理値を返します。
IsEmpty	変数が Empty かどうかをチェックし論理値を返します。
IsError	式がエラー値かどうか調べた結果を返します。
IsMissing	手続きに省略可能な Variant 型の引数が受け渡されたかをチェックし論理値を返します。
IsNumeric	式が数値に変換できるかどうかをチェックし論理値を返します。
IsObject	変数がオブジェクト変数かどうかをチェックし論理値を返します。
LBound	配列の添字の最小値を返します。
Log	自然対数を計算します。
Minute	日付から、分を表す値を計算します。
Month	日付から、月を表す値を計算します。
Now	現在の日付と時刻を計算します。
Rnd	乱数を計算します。
Second	時刻から、秒を表す値を計算します。
Sgn	数式の符号を計算します。

Sin	三角関数 sin を計算します。
Sqr	平方根を計算します。
Tan	三角関数 tan を計算します。
Time	現在の時刻を計算します。
Timer	午前 0 時から経過した秒を計算します。
TimeSerial	時刻を Variant 型の値で計算します。
TimeValue	時刻を Variant 型の値で返します。
Ubound	配列の添字の最大値を返します。
Weekday	日付の曜日を計算します。
Year	日付の年を計算します。

例題 **7-1 試験の採点**

試験の採点を行うプログラムを作成せよ。

〔シート〕

以下のようにシートに入力し準備します。

	A	B	C	D	E	F	G	H	I	J	K	L	M	N	O	P	Q	R	S	T
1	問題	1	2	3	4	5	6	7	8	9	10	11	12	13	14	15	16		ビット	
2	正解	○	×	○	×	×	○	○	○	×	○	○	×	×	×	○	○		得点	
3	解答	○	×	○	○	×	○	○	×	○	×	○	×	○	×	○	○			
4	正誤																			
5																				
6																				

16 問の問題に対して、正解と解答をチェックし、正誤欄に「誤：誤り」、「正：正解」を入力します。
ビット欄には、「0: 誤り」、「1: 正解」としたビット列で表した場合の 16 ビットの値を入力します。

〔プログラム〕

```
1   Sub Macro()
2       Dim i As Long, S As Long, ss As Long, sc As Long
3       For i = 0 To 15
4           Cells(4, 2 + i).FormulaR1C1 = "=IF(R[-2]C=R[-1]C,"" 正 "","" 誤 "")"
5           Cells(5, 2 + i).FormulaR1C1 = "=IF(R[-3]C=R[-2]C,1,0)"
6       Next i
7       S = 0
8       sc = 0
9       For i = 0 To 15
10          ss = Cells(5, 2 + i).Value
11          S = S + ss * 2 ^ (15 - i)
12          If ss = 1 Then sc = sc + 1
13      Next i
14      Range("U1").Value = S
15      Range("T1").FormulaR1C1 = "=DEC2HEX(RC[1])"
```

103

```
16      Range("T2").Value = sc
17  End Sub
```

例題 **7-2 成績処理（相対参照と絶対参照）**

試験の成績処理を考える。以下のように、順位、平均、標準偏差、偏差値を計算し表を作成せよ。計算式は、例題 5-3 を参照せよ。

〔実行結果〕

	A	B	C	D	E	F	G	H	I	J	K	L	M	N
1	番号	氏名	国語	順位	偏差値	数学	順位	偏差値	外国語	順位	偏差値	合計	順位	偏差値
2	1	赤井	65	15	41.13	100	1	64.76	64	13	47.84	229	8	53.74
3	2	浅岡	83	6	55.65	76	10	52.24	100	1	65.32	259	3	62.48
4	3	井口	48	20	27.41	76	10	52.24	72	9	51.72	196	13	44.13
5	4	池場	64	16	40.32	87	5	57.98	23	20	27.92	174	18	37.73
6	5	内田	88	4	59.68	56	14	41.81	46	17	39.1	190	15	42.39
7	6	江口	74	11	48.39	84	8	56.41	92	3	61.44	250	5	59.86
8	7	大谷	75	10	49.19	89	4	59.02	87	7	59.01	251	4	60.15
9	8	千葉	63	18	39.51	65	13	46.51	46	17	39.1	174	18	37.73
10	9	岡家	73	12	47.58	86	7	57.46	66	11	48.81	225	9	52.58
11	10	橋本	100	1	69.36	56	14	41.81	67	10	49.3	223	10	51.99
12	11	原光	88	4	59.68	34	20	30.34	56	15	43.95	178	17	38.89
13	12	比企	64	16	40.32	48	17	37.64	88	5	59.5	200	12	45.3
14	13	平井	92	2	62.91	45	19	36.08	48	16	40.07	185	16	40.93
15	14	広瀬	73	12	47.58	56	14	41.81	64	13	47.84	193	14	43.26
16	15	藤田	92	2	62.91	92	3	60.58	93	2	61.92	277	1	67.72
17	16	二村	83	6	55.65	73	12	50.68	88	5	59.5	244	6	58.11
18	17	古川	77	9	50.81	46	18	36.6	38	19	35.21	161	20	33.94
19	18	星野	63	18	39.51	78	9	53.28	66	11	48.81	207	11	47.34
20	19	堀	82	8	54.84	100	1	64.76	92	3	61.44	274	2	66.85
21	20	堀部	73	12	47.58	87	5	57.98	73	8	52.21	233	7	54.91
22		平均	76		50.	71.7		50.	68.45		50.	216.15		50.
23		標準偏差	12.398			19.178			20.588			34.341		

〔シート〕

以下のようにシートに入力し準備します。

	A	B	C	D	E	F	G	H	I	J	K	L	M	N
1	番号	氏名	国語	順位	偏差値	数学	順位	偏差値	外国語	順位	偏差値	合計	順位	偏差値
2	1	赤井	65			100			64					
3	2	浅岡	83			76			100					
4	3	井口	48			76			72					
5	4	池場	64			87			23					
6	5	内田	88			56			46					
7	6	江口	74			84			92					
8	7	大谷	75			89			87					
9	8	千葉	63			65			46					
10	9	同家	73			86			66					
11	10	橋本	100			56			67					
12	11	原光	88			34			56					
13	12	比企	64			48			88					
14	13	平井	92			45			48					
15	14	広瀬	73			56			64					
16	15	藤田	92			92			93					
17	16	二村	83			73			88					
18	17	古川	77			46			38					
19	18	星野	63			78			66					
20	19	堀	82			100			92					
21	20	堀部	73			87			73					
22		平均												
23		標準偏差												

〔プログラム〕

```
 1   Sub Macro()
 2       Dim i As Integer
 3       Dim r As String, s As String, t As String, d As String, a As String
 4       a = "=AVERAGE(R[-20]C:R[-1]C)"
 5       s = "=STDEVP(R[-21]C:R[-2]C)"
 6       Range("C22").FormulaR1C1 = a
 7       Range("C23").FormulaR1C1 = s
 8       Range("F22").FormulaR1C1 = a
 9       Range("F23").FormulaR1C1 = s
10       Range("I22").FormulaR1C1 = a
11       Range("I23").FormulaR1C1 = s
12       t = "=RC[-9]+RC[-6]+RC[-3]"
13       For i = 2 To 21
14           Cells(i, 12).FormulaR1C1 = t
15       Next i
16       Range("L22").FormulaR1C1 = a
17       Range("L23").FormulaR1C1 = s
18       r = "=RANK(RC[-1],R2C[-1]:R21C[-1])"
19       For i = 2 To 21
```

```
20        Cells(i, 4).FormulaR1C1 = r
21        Cells(i, 7).FormulaR1C1 = r
22        Cells(i, 10).FormulaR1C1 = r
23        Cells(i, 13).FormulaR1C1 = r
24     Next i
25     d = "=(RC[-2]-R22C[-2])*10/R23C[-2]+50"
26     For i = 2 To 22
27        Cells(i, 5).FormulaR1C1 = d
28        Cells(i, 5).NumberFormatLocal = "###.##"
29        Cells(i, 8).FormulaR1C1 = d
30        Cells(i, 8).NumberFormatLocal = "###.##"
31        Cells(i, 11).FormulaR1C1 = d
32        Cells(i, 11).NumberFormatLocal = "###.##"
33        Cells(i, 14).FormulaR1C1 = d
34        Cells(i, 14).NumberFormatLocal = "###.##"
35     Next i
36  End Sub
```

例題 7-3 VBA 関数の呼出し

以下の VBA 関数を呼び出し、次の結果になることを確認せよ。

〔実行結果〕

	A	B	C	D	E	F
1	C					
2	67					
3	43					
4	103					
5	67					
6	TodayIsFineYesterdayWasRainy	1				
7	TodayIsCloudyYesterdayWasRainy					
8	Today					
9	Rainy					
10	todayisfineyesterdaywasrainy					
11	TODAYISFINEYESTERDAYWASRAINY					
12	Is					
13	Same					
14	2018/11/30					
15	6:43:16 PM					
16	30					
17	43					
18	67396.92188					
19	123456					
20	FALSE					
21	10	11	12	13	14	15
22	TRUE					
23	0					
24	5					

この例題は、VBA 関数の呼出し方法を学ぶためにあります。以下のプログラムにならって、他の
VBA 関数も呼び出してみましょう。

〔プログラム〕

```
1   Sub Macro()
2       Dim ch As String, cs As String
3       Dim cc As Integer
4       Dim p As Double
5       Range("A1").Value = "C"
6       ch = Range("A1").Value
7       cc = Asc(ch)
8       Range("A2").Value = cc
9       cs = Hex(cc)
10      Range("A3").Value = cs
11      Range("A4").Value = Oct(cc)
12      Range("A5").Value = Val("&H" + cs)
13      p = Application.WorksheetFunction.Pi()
14      Range("B6").Value = Math.Sin(p) ^ 2 + Math.Cos(p) ^ 2
15      Dim ss As String
16      ss = "TodayIsFineYesterdayWasRainy"
17      Range("A6").Value = ss
18      Range("A7").Value = Replace(ss, "Fine", "Cloudy")
19      Range("A8").Value = Left(ss, 5)
20      Range("A9").Value = Right(ss, 5)
21      Range("A10").Value = LCase(ss)
22      Range("A11").Value = UCase(ss)
23      Range("A12").Value = Mid(ss, 6, 2)
24      If StrComp(Right(ss, 5), "Rainy") = 0Then
25          Range("A13").Value = "Same"
26      Else
27          Range("A13").Value = "Different"
28      End If
29      Range("A14").Value = Date
30      Range("A15").Value = Time
31      Range("A16").Value = Day(Date)
32      Range("A17").Value = Minute(Time)
33      Range("A18").Value = Timer
34      Range("A19").Value = CLng("123456")
35      Range("A20").Value = IsDate("2017/10/100")
36      Dim ar As Variant: Dim i As Integer
37      ar = Array(10, 11, 12, 13, 14, 15)
38      For i = 0 To 5
39          Cells(21, i + 1).Value = ar(i)
40      Next i
41      Range("A22").Value = IsArray(ar)
42      Range("A23").Value = LBound(ar)
43      Range("A24").Value = UBound(ar)
44  End Sub
```

例題 7-2 と同様の計算を、ワークシート関数を用いて計算せよ。

〔実行結果〕

	A	B	C	D	E	F	G	H	I	J	K	L	M	N
1	番号	氏名	国語	順位	偏差値	数学	順位	偏差値	外国語	順位	偏差値	合計	順位	偏差値
2	1	赤井	65	15	41.13	100	1	64.76	64	13	47.84	229	8	53.74
3	2	浅岡	83	6	55.65	76	10	52.24	100	1	65.32	259	3	62.48
4	3	井口	48	20	27.41	76	10	52.24	72	9	51.72	196	13	44.13
5	4	池場	64	16	40.32	87	5	57.98	23	20	27.92	174	18	37.73
6	5	内田	88	4	59.68	56	14	41.81	46	17	39.1	190	15	42.39
7	6	江口	74	11	48.39	84	8	56.41	92	3	61.44	250	5	59.86
8	7	大谷	75	10	49.19	89	4	59.02	87	7	59.01	251	4	60.15
9	8	千葉	63	18	39.51	65	13	46.51	46	17	39.1	174	18	37.73
10	9	同家	73	12	47.58	86	7	57.46	66	11	48.81	225	9	52.58
11	10	橋本	100	1	69.36	56	14	41.81	67	10	49.3	223	10	51.99
12	11	原光	88	4	59.68	34	20	30.34	56	15	43.95	178	17	38.89
13	12	比企	64	16	40.32	48	17	37.64	88	5	59.5	200	12	45.3
14	13	平井	92	2	62.91	45	19	36.08	48	16	40.07	185	16	40.93
15	14	広瀬	73	12	47.58	56	14	41.81	64	13	47.84	193	14	43.26
16	15	藤田	92	2	62.91	92	3	60.58	93	2	61.92	277	1	67.72
17	16	二村	83	6	55.65	73	12	50.68	88	5	59.5	244	6	58.11
18	17	古川	77	9	50.81	46	18	36.6	38	19	35.21	161	20	33.94
19	18	星野	63	18	39.51	78	9	53.28	66	11	48.81	207	11	47.34
20	19	堀	82	8	54.84	100	1	64.76	92	3	61.44	274	2	66.85
21	20	堀部	73	12	47.58	87	5	57.98	73	8	52.21	233	7	54.91
22		平均	76		50.	71.7		50.	68.45		50.	216.15		50.
23		標準偏差	12.398			19.178			20.588			34.341		

〔プログラム〕

```
1  Sub Macro()
2      Dim i As Integer
3      For i = 2 To 21
4          Cells(i, 12).Value = _
5          Cells(i, 3).Value + Cells(i, 6).Value + Cells(i, 9).Value
6          Cells(i, 4).Value = _
7          Application.WorksheetFunction.Rank(Cells(i, 3), Range("C2:C21"))
8          Cells(i, 7).Value = _
9          Application.WorksheetFunction.Rank(Cells(i, 6), Range("F2:F21"))
10         Cells(i, 10).Value = _
11         Application.WorksheetFunction.Rank(Cells(i, 9), Range("I2:I21"))
12         Cells(i, 13).Value = _
13         Application.WorksheetFunction.Rank(Cells(i, 12), Range("L2:L21"))
14     Next i
15     Range("C22").Value = Application.WorksheetFunction.Average(Range("C2:C21"))
```

```
16    Range("F22").Value = Application.WorksheetFunction.Average(Range("F2:F21"))
17    Range("I22").Value = Application.WorksheetFunction.Average(Range("I2:I21"))
18    Range("L22").Value = Application.WorksheetFunction.Average(Range("L2:L21"))
19    Range("C23").Value = Application.WorksheetFunction.StDevP(Range("C2:C21"))
20    Range("F23").Value = Application.WorksheetFunction.StDevP(Range("F2:F21"))
21    Range("I23").Value = Application.WorksheetFunction.StDevP(Range("I2:I21"))
22    Range("L23").Value = Application.WorksheetFunction.StDevP(Range("L2:L21"))
23    For i = 2 To 22
24        Cells(i, 5).Value = (Cells(i, 3).Value - Range("C22").Value) * _
25        10 / Range("C23").Value + 50
26        Cells(i, 5).NumberFormatLocal = "###.##"
27        Cells(i, 8).Value = (Cells(i, 6).Value - Range("F22").Value) * _
28        10 / Range("F23").Value + 50
29        Cells(i, 8).NumberFormatLocal = "###.##"
30        Cells(i, 11).Value = (Cells(i, 9).Value - Range("I22").Value) * _
31        10 / Range("I23").Value + 50
32        Cells(i, 11).NumberFormatLocal = "###.##"
33        Cells(i, 14).Value = (Cells(i, 12).Value - Range("L22").Value) * _
34        10 / Range("L23").Value + 50
35        Cells(i, 14).NumberFormatLocal = "###.##"
36    Next i
37 End Sub
```

練習問題

7-1

　例題 5-3 のシートを用いて、例題 7-2 と同様に偏差値を求める計算を Excel 関数をセルに入力することで計算せよ。

第 8 章

応用問題

本章では、アルゴリズムを設計し、これまで説明した VBA の文法を用いた応用問題を紹介します。

例題 8-1 π の計算（モンテカルロ法）

モンテカルロ法を用いて π の値を計算せよ。

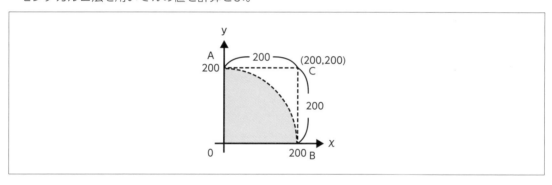

　まず、四角形 OABC（面積：200 × 200=40000）の中にランダムに点を打つことを考えます。
　続いて扇形 OAB（半径：200 の $\frac{1}{4}$ 円、面積：$\frac{\pi \times 200^2}{4}$ =10000 π の円）に入る点（扇形の輪郭を含まない[1]）を数えます。
　たとえば、四角形の中に 20000 個の点をランダムに打ったとし、扇形の中に x 個の点があるとすると四角形と扇型の面積比が 20000：x となるため、以下の式が成立します。

$$40000 : 10000\pi = 20000 : x$$

よって、π の値は、

$$\pi = \frac{4x}{20000}$$

1： 半径 200 とした場合の $\frac{1}{4}$ 円の輪郭を含まないとする（図は半径 200（0 ～ 199）の $\frac{1}{4}$ 円）。

と近似することができます。このようにランダムに点を打つことをプログラムで模擬することでπの近似を求めることができます。

〔アルゴリズム〕

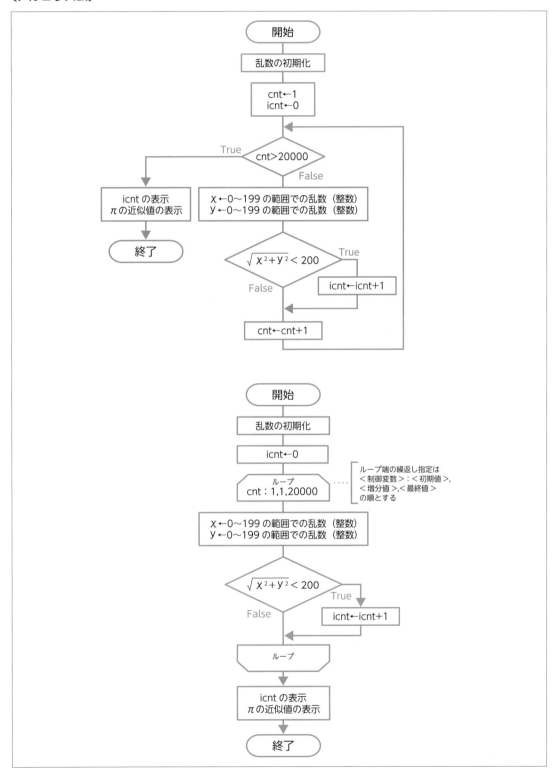

〔シート〕

以下のように準備します。

	A	B
1	20000	
2		

〔プログラム〕

```
1   Sub Macro()
2       Dim d As Long, cnt As Long, icnt As Long
3       Dim x As Integer, y As Integer, z As Integer
4       d = Range("A1").Value
5       icnt = 0
6       Randomize
7       For cnt = 1 To d
8           x = Int(200 * Rnd)
9           y = Int(200 * Rnd)
10          z = Math.Sqr(x ^ 2 + y ^ 2)
11          If z < 200 Then icnt = icnt + 1
12      Next cnt
13      Range("A2").Value = icnt
14      Range("B2").Value = icnt / d * 4
15  End Sub
```

〔実行結果〕

	A	B
1	20000	
2	15730	3.146

なお、乱数の発生の仕方により、内点の個数は異なるため、πの値の近似値も異なります。

例題 8-2 ニュートン法

ニュートン法を用いて$\sqrt{2}$の近似値を求めよ。

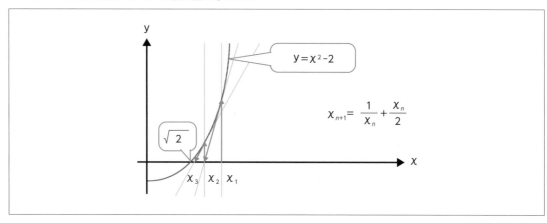

112

$y = x^2 - 2$ のグラフの x 切片が $(\sqrt{2}, 0)$ となるので、上図のように、適当な点 $(x_1, 0)$ から開始し、下記の漸化式に従って x_n を求めれば、$\sqrt{2}$ に近づきます[2]。

〔漸化式〕

$$x_{n+1} = \frac{1}{x_n} + \frac{x_n}{2}$$

〔アルゴリズム〕

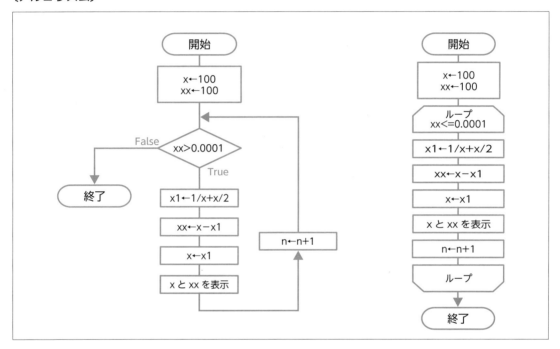

〔プログラム〕

```
1   Sub Macro()
2       Dim x As Double, xx As Double, x1 As Double
3       Dim n As Integer
4       n = 1
5       x = 100: xx = 100
6       While xx > 0.0001
7           x1 = 1 / x + x / 2
8           xx = x - x1
9           x = x1
10          Cells(n, 1).Value = x
```

_____

2 ： 漸化式は、高校数学の範囲で求めることができますが、本書では証明は省略します。

```
11          Cells(n, 2).Value = xx
12          n = n + 1
13      Wend
14  End Sub
```

〔実行結果〕

	A	B
1	50.01	49.99
2	25.025	24.985004
3	12.55246	12.47253795
4	6.355895	6.196563352
5	3.335282	3.020613086
6	1.967466	1.367816047
7	1.492001	0.475464673
8	1.416241	0.075759558
9	1.414215	0.002026318
10	1.414214	1.45168E-06

例題 8-3 並び替え（バブルソート）

以下の数字の並びを昇順にせよ。

　87　90　56　98　23

　第一要素（87）から順に、2つずつ第一要素と第二要素を比べ、「第一要素＞第二要素」になっていれば交換し、第二要素と第三要素を比べ、「第二要素＞第三要素」になっていれば交換し、という処理を繰り返します。1通り、比較、交換が済めばどうなっているのでしょう。

　以下、実際にやってみます。

　87 と 90 を比べ 87 ＜ 90 であるので、そのままにします。

　87　90　56　98　23

　次に、90 と 56 を比べて 90 ＞ 56 であるので、交換します。

　87　56　90　98　23

　90 と 98 を比べ、90 ＜ 98 であるので、そのままにします。

　87　56　90　98　23

　98 と 23 を比べ、98 ＞ 23 であるので交換します。

　87　56　90　23　98

　以上で1通り終わりました。結果として、一番大きな数（98）が1番右側に配置されます。

　もう1通り実行してみましょう。

　87 と 56 を比べ、87 ＞ 56 であるので、交換します。

　56　87　90　23　98

　87 と 90 を比べ、87 ＜ 90 であるので、そのままにします。

　56　87　90　23　98

90 と 23 を比べ、90 > 23 であるので、交換します。

56　87　23　90　98

90 と 98 を比べ、90 < 98 であるので、そのままにします[3]。

以上で 2 通り終わりました。結果として、2 番目に大きな数が右から 2 番目に配置されます。

このように考えると、「要素数− 1」通り以上の手続きを繰り返し実行すると昇順に並ぶことがわかります。このような**並び替え**（sort、整列）方法を**バブルソート**（bubble sort）といいます。

次に、以下のように要素の個数 N 個の整数型配列 arr を用意します。

arr(0) と arr(1) を比べ、arr(0) > arr(1) の場合、交換します。次に、arr(1) と arr(2) を比べ、arr(1) > arr(2) の場合、交換します。以上の処理を arr(N-2) と arr(N-1) を比べるまで繰り返します。

1 通り終わると、以下のように、arr(N-1) に一番大きな値が入ります。

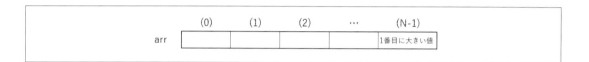

さらに、もう 1 通り処理をすると、arr(N-2) に 2 番目に大きな値が入ります。

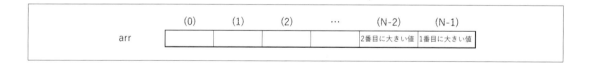

同様に 3 通り目の処理をすると、arr(N-3) に 3 番目に大きな値が入ります。

最終的に N-1 回処理を繰り返すことにより右から順に（N-1）個の値が入り、結果として昇順に並ぶことがわかります。

---

3 : 最後の 90 < 98 は必要ありませんが、簡単のため比較することにします。

〔アルゴリズム〕

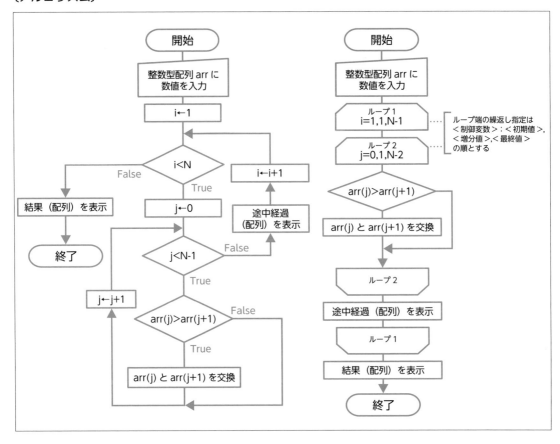

ループ端の繰返し指定は
＜制御変数＞：＜初期値＞,
＜増分値＞,＜最終値＞
の順とする

〔シート〕

以下のようにシートに入力し準備します。

	A	B	C	D	E
1	87	90	56	98	23
2					

〔プログラム〕

```
1  Sub Macro()
2      Dim arr(5) As Integer
3      Dim i As Integer, t As Integer
4      For j = 0 To 4
5          arr(j) = Cells(1, j + 1).Value
6      Next j
7      For i = 1 To 4
8          For j = 0 To 3
9              If arr(j) > arr(j + 1) Then
10                 t = arr(j)
11                 arr(j) = arr(j + 1)
12                 arr(j + 1) = t
```

```
13              End If
14          Next j
15          For j = 1 To 5
16              Cells(i + 2, j).Value = arr(j - 1)
17          Next j
18      Next i
19  End Sub
```

〔実行結果〕

	A	B	C	D	E
1	87	90	56	98	23
2					
3	87	56	90	23	98
4	56	87	23	90	98
5	56	23	87	90	98
6	23	56	87	90	98

　内側の繰返し（制御変数 j）の回数を整数型変数 i をもとに計算し減らすことができます。練習問題で確認しましょう。

例題 8-4 逆ポーランド記法

　コンパイラで中心となる、数式の中間表現である逆ポーランド記法[4]に変換するプログラムを作成せよ。たとえば、

　入力：A=B+C*(D+E)

　出力：ABCDE+*+=

のように変換する（A、B、C、D、E は変数とする）。このように変換することで、入力の数式の中に括弧があっても括弧を消去し、コンパイラの後処理で都合よく処理することができる。

　変数は、簡単のために 1 文字とする。演算子は、"="、"+"、" − "、"*"、"/" の五種類とし、優先順位は、("*" = "/") ＞ ("+" = " − ") ＞ =とする。

〔アルゴリズム〕

　変数および記号（演算子および括弧）からなる入力（x_i）、逆ポーランド記法に変換後の出力（z_i）、変換の際に用いるスタック[5]（y_i）を定義します。

---

4 ： ポーランド記法とは「1 + 2」を「＋12」というように、演算子「＋」を被演算子「1」「2」の前に置くものです。一方、逆ポーランド記法とは、ポーランド記法とは演算子と被演算子の順序が逆になるもので、上記の例では「12 ＋」と記述されます。そして、逆ポーランド記法で「3 ＋（2 × 4）」は「324 ×＋」となり、（ ）を使わずに記述できるため、コンピュータが理解しやすい記述方法といえます。

5 ： スタックとは、後に入れたものが先に出てくるようになっているものです。

スタック

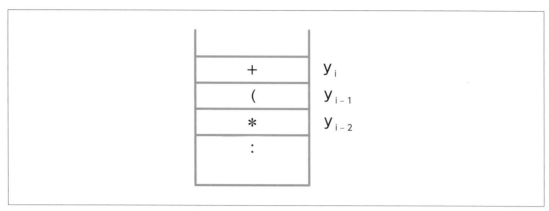

入力：x_i
出力：Z_i
に関する処理

1. 入力 x_i が変数の場合、そのまま Z_k に出力する。

2. 入力 x_i が演算子かつスタックが空の場合、そのまま Z_k に出力する。

3. 入力 x_i が演算子かつスタックの y_i が左括弧 "(" の場合、そのまま Z_k に出力する。

4. 入力 x_i が演算子かつスタックの y_i が演算子の場合、x_i と y_i の優先順位を比べ、$x_i > y_i$ の場合は、x_i を Z_k に出力する。

5. 4 で優先順位が、$x_i \leq y_i$ の場合、演算子 y_j をスタックからポップ[6]して Z_k に出力する。さらに、スタックの先頭にある演算子 y_j の優先順位と、x_i の優先順位を比べ、同様の処理を繰り返す。スタックの先頭子 y_i が演算子でなくなった場合、演算子 x_i をスタックへプッシュ[7]する。

6. 入力 x_i が左括弧（"("）の場合、そのままスタック y_i にプッシュする。

7. 入力 x_i が右括弧（")"）の場合、以下の手順に従う。
   ① スタック y_j が左括弧の場合、入力 x_i とスタック y_j を消去し、次の入力処理へ進む。
   ② スタック y_j が左括弧以外の場合、スタック y_j をポップし Z_k に出力し、次の y_{j-1} を y_j として①または、②を繰り返す。

8. 入力 x_i が終了の場合、スタックに残った演算子を Z_k に出力する。

〔シート〕
以下のように、シートに入力し準備します。

	A	B	C	D	E	F	G	H	I	J	K
1	A	=	B	+	C	*	(	D	+	E	)

---

6 ： ポップとは、スタックからデータを取り出すことです。

7 ： プッシュとは、スタックにデータを入れることです。

〔プログラム〕

```
1   Sub Macro()
2       Dim cc As String, ss As String
3       Dim i As Integer, j As Integer, k As Integer, l As Integer, _
4        opc As Integer, ssc As Integer
5       Dim op(4) As String
6       op(0) = "*": op(1) = "/": op(2) = "+"
7       op(3) = "-": op(4) = "="
8       i = 2: j = 1: k = 1: cc = Cells(1, 1).Value
9       While cc <> ""
10          Select Case cc
11          Case "=", "*", "/", "+", "-"
12              If j > 1 Then ss = Cells(2, j - 1).Value Else ss = ""
13              Select Case ss
14              Case "=", "*", "/", "+", "-"
15  next00:
16                  For l = 0 To 4: If op(l) = cc Then Exit For
17                  Next l
18                  opc = l
19                  For l = 0 To 4: If op(l) = ss Then Exit For
20                  Next l
21                  ssc = l
22                  If opc < ssc Then
23                      Cells(2, j).Value = cc: j = j + 1
24                  Else
25                      Cells(3, k).Value = ss: j = j - 1: k = k + 1
26                      If j > 1 Then
27                          ss = Cells(2, j - 1).Value: GoTo next00
28                      End If
29                  End If
30              Case ""
31                  Cells(2, j).Value = cc: j = j + 1
32              Case "("
33                  Cells(2, j).Value = cc: j = j + 1
34              End Select
35          Case "A" To "Z"
36              Cells(3, k).Value = cc: k = k + 1
37          Case "("
38              Cells(2, j).Value = "(": j = j + 1
39          Case ")"
40  next01:
41              If j > 1 Then
42                  ss = Cells(2, j - 1).Value
43              Else: ss = ""
44              End If
45              If ss = "(" Then
46                  Cells(2, j - 1).Value = "": j = j - 1
47              Else
```

119

```
48          Cells(3, k).Value = ss: k = k + 1
49          Cells(2, j - 1).Value = "": j = j - 1: GoTo next01
50       End If
51    End Select
52    cc = Cells(1, i).Value: i = i + 1
53  Wend
54  While j > 1
55    Cells(3, k).Value = Cells(2, j - 1).Value: k = k + 1
56    Cells(2, j - 1).Value = "": j = j - 1
57  Wend
58 End Sub
```

〔実行結果〕

	A	B	C	D	E	F	G	H	I	J	K
1	A	=	B	+	C	*	(	D	+	E	)
2											
3	A	B	C	D	E	+	*	+	=		

練習問題略解

第1章

練習問題 1-1

第1章の本文を参考に、作成してみましょう。

練習問題 1-2

〔シート〕

	A	B	C	D	E	F	G	H	I	J	K	L	M	N
1	大阪の平均気温（℃）													
2		1月	2月	3月	4月	5月	6月	7月	8月	9月	10月	11月	12月	
3	最高	9	10	14	20	25	28	32	33	29	23	18	12	
4	最低	2	2	5	10	15	20	24	25	21	15	9	4	
5														

〔プログラム〕

```
Sub Macro()
    Range("B3").Value = 9: Range("B4").Value = 2
    Range("C3").Value = 10: Range("C4").Value = 2
    Range("D3").Value = 14: Range("D4").Value = 5
    Range("E3").Value = 20: Range("E4").Value = 10
    Range("F3").Value = 25: Range("F4").Value = 15
    Range("G3").Value = 28: Range("G4").Value = 20
    Range("H3").Value = 32: Range("H4").Value = 24
    Range("I3").Value = 33: Range("I4").Value = 25
    Range("J3").Value = 29: Range("J4").Value = 21
    Range("K3").Value = 23: Range("K4").Value = 15
    Range("L3").Value = 18: Range("L4").Value = 9
    Range("M3").Value = 12: Range("M4").Value = 4
    Range("N2").Value = " 平均 "
```

```
        Range("N3").Formula = "=AVERAGE(D3:M3)"
        Range("N4").Formula = "=AVERAGE(B4:M4)"
End Sub
```

〔実行結果〕

	A	B	C	D	E	F	G	H	I	J	K	L	M	N	O
1	大阪の平均気温（℃）														
2		1月	2月	3月	4月	5月	6月	7月	8月	9月	10月	11月	12月	平均	
3	最高	9	10	14	20	25	28	32	33	29	23	18	12	21.08	
4	最低	2	2	5	10	15	20	24	25	21	15	9	4	12.67	
5															

練習問題 1-3

例題 1-1 を参考に、プログラムを作成してみましょう。

第 2 章

練習問題 2-1

〔シート〕

	A	B
1	支払い金額	
2	一万円	
3	五千円	
4	二千円	
5	千円	
6	500円	
7	100円	
8	50円	
9	10円	
10	5円	
11	1円	
12		

〔プログラム〕

```
Sub Macro()
    Dim p As Long, m As Long
    p = Range("B1").Value
    Range("B2").Value = p ¥ 10000
    m = p Mod 10000
```

ex

```
        Range("B3").Value = m ¥ 5000
        p = m Mod 5000
        Range("B4").Value = p ¥ 2000
        m = p Mod 2000
        Range("B5").Value = m ¥ 1000
        p = m Mod 1000
        Range("B6").Value = p ¥ 500
        m = p Mod 500
        Range("B7").Value = m ¥ 100
        p = m Mod 100
        Range("B8").Value = p ¥ 50
        m = p Mod 50
        Range("B9").Value = m ¥ 10
        p = m Mod 10
        Range("B10").Value = p ¥ 5
        m = p Mod 5
        Range("B11").Value = m
End Sub
```

〔実行結果〕

654321 円のとき、実行結果は次のようになります。

	A	B
1	支払い金額	654321
2	一万円	65
3	五千円	0
4	二千円	2
5	千円	0
6	500円	0
7	100円	3
8	50円	0
9	10円	2
10	5円	0
11	1円	1
12		

練習問題 2-2

〔シート〕

	A	B	
1	秒数		
2		時間	
3		分	
4		秒	
5			

〔プログラム〕

```
Sub Macro()
    Dim p As Integer
    Dim a As Integer, h As Integer
    Dim m As Integer, s As Integer
    p = Range("B1").Value
    h = p ¥ 3600
    Range("A2").Value = h
    a = p Mod 3600
    m = a ¥ 60
    Range("A3").Value = m
    s = a Mod 60
    Range("A4").Value = s
End Sub
```

〔実行結果〕

31543 秒のとき、実行結果は次のようになります。

	A	B
1	秒数	31543
2	8	時間
3	45	分
4	43	秒
5		

練習問題 2-3

半径 r の円の円周、円の面積、球の表面積、球の体積の公式は、それぞれ次のようになります。

$2 \pi r, \pi r^2, 4 \pi r^2, \frac{4}{3} \pi r^3$

〔シート〕

	A	B
1	半径	5
2	円の円周	
3	円の面積	
4	球の表面積	
5	球の体積	
6		

〔プログラム〕

```
Sub Macro()
    Dim r As Double, pi As Double, a As Double
    pi = Application.WorksheetFunction.pi
    r = Range("B1").Value
    a = 2 * pi * r
    Range("B2").Value = Format(2 * pi * r, "####.##")
```

125

```
    Range("B3").Value = Format(pi * r * r, "####.##")
    Range("B4").Value = Format(4 * pi * r ^ 2, "####.##")
    Range("B5").Value = Format(4 * pi * (r ^ 3) / 3, "####.##")
End Sub
```

〔実行結果〕

半径5のとき、実行結果は次のようになります。

	A	B
1	半径	5
2	円の円周	31.42
3	円の面積	78.54
4	球の表面積	314.16
5	球の体積	523.6
6		

 第3章

練習問題 3-1

〔シート〕

	A	B	
1	入力	Pig	
2	翻訳		
3			

〔プログラム〕

```
Sub Macro()
    Dim a As String, b As String
    a = Range("B1").Value
    Select Case a
        Case "Dog"
            b = "犬"
        Case "Cat"
            b = "猫"
        Case "Hello"
            b = "こんにちは"
        Case "Tiger"
            b = "虎"
        Case "Pig"
            b = "豚"
        Case "Love"
```

126

```
                b = "愛"
        Case Else
                b = "わかりません"
    End Select
    Range("B2").Value = b
End Sub
```

〔実行結果〕

実行結果は次のようになります。

	A	B	
1	入力	Pig	
2	翻訳	豚	
3			

練習問題 3-2

〔シート〕

	A	B	
1	得点		
2	結果		
3			

〔プログラム〕

```
Sub Macro()
    Dim i As Integer, n As Integer
    Dim m As String
    i = Range("B1").Value
    If i < 600 Then
        m = "もっと努力しよう。": n = 3
    ElseIf i < 700 Then
        m = "もう少し頑張ろう。": n = 6
    ElseIf i < 800 Then
        m = "よくできました。": n = 8
    ElseIf i <= 1000 Then
        m = "大変よくできました。": n = 4
    Else
        m = "入力ミスです。": n = 15
    End If
    Range("B2").Value = m
    Range("B2").Interior.ColorIndex = n
End Sub
```

実行結果は次のようになります。

▲	A	B
1	得点	900
2	結果	大変よくできました。
3		

練習問題 3-3

〔シート〕

▲	A	B	C	D	E	F	G	H	I	J	K	L	M	N	O
1	東京の平均気温（℃）														
2		1月	2月	3月	4月	5月	6月	7月	8月	9月	10月	11月	12月	最大	最小
3	最高	10	10	13	19	23	26	30	31	27	22	17	12		
4	最低	2	2	5	10	15	19	23	24	21	15	9	4		
5															

〔プログラム〕

```
Sub Macro()
    Dim a As Integer, b As Integer, c As Integer, d As Integer
    Dim e As Integer, f As Integer, g As Integer, h As Integer
    Dim i As Integer, j As Integer, k As Integer, l As Integer
    Dim min As Integer, max As Integer
    a = Cells(4, 2).Value: b = Cells(4, 3).Value: c = Cells(4, 4).Value
    d = Cells(4, 5).Value: e = Cells(4, 6).Value: f = Cells(4, 7).Value
    g = Cells(4, 8).Value: h = Cells(4, 9).Value: i = Cells(4, 10).Value
    j = Cells(4, 11).Value: k = Cells(4, 12).Value: l = Cells(4, 13).Value
    max = a: min = a
    If b > max Then max = b
    If b < min Then min = b
    If c > max Then max = c
    If c < min Then min = c
    If d > max Then max = d
    If d < min Then min = d
    If e > max Then max = e
    If e < min Then min = e
    If f > max Then max = f
    If f < min Then min = f
    If g > max Then max = g
    If g < min Then min = g
    If h > max Then max = h
    If h < min Then min = h
    If i > max Then max = i
    If i < min Then min = i
```

```
        If j > max Then max = j
        If j < min Then min = j
        If k > max Then max = k
        If k < min Then min = k
        If l > max Then max = l
        If l < min Then min = l
        Range("N4").Value = max
        Range("O4").Value = min
    End Sub
```

〔実行結果〕

実行結果は次のようになります。

	A	B	C	D	E	F	G	H	I	J	K	L	M	N	O
1	東京の平均気温（℃）														
2		1月	2月	3月	4月	5月	6月	7月	8月	9月	10月	11月	12月	最大	最小
3	最高	10	10	13	19	23	26	30	31	27	22	17	12		
4	最低	2	2	5	10	15	19	23	24	21	15	9	4	24	2
5															

第4章

練習問題 4-1

〔プログラム〕

```
Sub Macro()
    Dim i As Integer
    For i = 1 To 7
        Cells(i, 1).Value = "*******"
    Next i
End Sub
```

〔実行結果〕

実行結果は次のようになります。

	A
1	*******
2	*******
3	*******
4	*******
5	*******
6	*******
7	*******
8	

〔プログラム〕

```
Sub Macro()
    Dim i As Integer, j As Integer
    Dim s As String
    For i = 1 To 7
        s = ""
        For j = 1 To i
            s = s + "*"
        Next j
        Cells(i, 1).Value = s
    Next i
End Sub
```

〔実行結果〕

実行結果は次のようになります。

◢	A
1	*
2	**
3	***
4	****
5	*****
6	******
7	*******
8	

〔プログラム〕

```
Sub Macro()
    Dim i As Integer, j As Integer
    Dim line As Integer
    Dim s As String
    line = 1
    For i = 1 To 4
        s = ""
        For j = 1 To (4 - i)
            s = s + "_"
        Next j
        For j = 1 To (2 * i - 1)
            s = s + "*"
        Next j
        Cells(line, 1).Value = s
        line = line + 1
    Next i
    For i = 3 To 1 Step -1
        s = ""
        For j = 1 To (4 - i)
```

```
            s = s + "_"
        Next j
        For j = 1 To (2 * i - 1)
            s = s + "*"
        Next j
        Cells(line, 1).Value = s
        line = line + 1
    Next i
End Sub
```

〔実行結果〕

実行結果は次のようになります。

	A
1	___ *
2	__ ***
3	_ *****
4	*******
5	_ *****
6	__ ***
7	___ *
8	

練習問題 4-2

〔シート〕

	A	B	C	D	E	F	G	H	I	J	K	L	M	N	O
1	東京の平均気温（℃)														
2		1月	2月	3月	4月	5月	6月	7月	8月	9月	10月	11月	12月	最大	最小
3	最高	10	10	13	19	23	26	30	31	27	22	17	12		
4	最低	2	2	5	10	15	19	23	24	21	15	9	4		
5															

〔プログラム〕

```
Sub Macro()
    Dim i As Integer
    Dim h As Integer, m As Integer
    Dim hmin As Integer, hmax As Integer
    Dim mmin As Integer, mmax As Integer
    hmin = Range("B3").Value: hmax = Range("B3").Value
    mmin = Range("B4").Value: mmax = Range("B4").Value
    For i = 3 To 13
        h = Cells(3, i).Value
        m = Cells(4, i).Value
```

```
        If hmin > h Then hmin = h
        If hmax < h Then hmax = h
        If mmin > m Then mmin = m
        If mmax < m Then mmax = m
    Next i
    Range("N3").Value = hmax
    Range("O3").Value = hmin
    Range("N4").Value = mmax
    Range("O4").Value = mmin
End Sub
```

〔実行結果〕

実行結果は次のようになります。

	A	B	C	D	E	F	G	H	I	J	K	L	M	N	O
1	東京の平均気温（℃）														
2		1月	2月	3月	4月	5月	6月	7月	8月	9月	10月	11月	12月	最大	最小
3	最高	10	10	13	19	23	26	30	31	27	22	17	12	31	10
4	最低	2	2	5	10	15	19	23	24	21	15	9	4	24	2
5															

練習問題 4-3

〔シート〕

	A	B
1	入力	0123456789
2	逆順	
3		

〔プログラム〕

```
Sub Macro()
    Dim i As Integer
    Dim s As String, d As String
    s = Range("B1").Value
    d = ""
    For i = 1 To Len(s)
        d = Mid(s, i, 1) + d
    Next i
    Range("B2").Value = d
End Sub
```

実行結果は次のようになります。

▲	A	B	
1	入力	0123456789	
2	逆順	9876543210	
3			

練習問題 4-4

〔プログラム〕

```
Sub Macro()
    Dim n As Long, i As Long, cnt As Long
    n = 123456
    cnt = 1
    For i = 2 To 352
        While n Mod i = 0
            n = n / i
            Cells(1, cnt).Value = i
            Cells(1, cnt + 1).Value = "*"
            cnt = cnt + 2
        Wend
    Next i
    Cells(1, cnt).Value = n
End Sub
```

〔実行結果〕

実行結果は次のようになります。

▲	A	B	C	D	E	F	G	H	I	J	K	L	M	N	O
1	2	*	2	*	2	*	2	*	2	*	2	*	3	*	643
2															

第 5 章

練習問題 5-1

〔プログラム〕

```
Sub Macro()
    Dim N, M, cnt As Integer
    For N = 2 To 30
        Cells(N - 1, 1).Value = N & " の約数は "
        cnt = 2
        For M = 2 To N
```

```
            If N Mod M = 0 Then
                Cells(N - 1, cnt).Value = M
                cnt = cnt + 1
            End If
        Next M
    Next N
End Sub
```

〔実行結果〕

実行結果は次のようになります。

	A	B	C	D	E	F	G	H	
1	2の約数は	2							
2	3の約数は	3							
3	4の約数は	2	4						
4	5の約数は	5							
5	6の約数は	2	3	6					
6	7の約数は	7							
7	8の約数は	2	4	8					
8	9の約数は	3	9						
9	10の約数は	2	5	10					
10	11の約数は	11							
11	12の約数は	2	3	4	6	12			
12	13の約数は	13							
13	14の約数は	2	7	14					
14	15の約数は	3	5	15					
15	16の約数は	2	4	8	16				
16	17の約数は	17							
17	18の約数は	2	3	6	9	18			
18	19の約数は	19							
19	20の約数は	2	4	5	10	20			
20	21の約数は	3	7	21					
21	22の約数は	2	11	22					
22	23の約数は	23							
23	24の約数は	2	3	4	6	8	12	24	
24	25の約数は	5	25						
25	26の約数は	2	13	26					
26	27の約数は	3	9	27					
27	28の約数は	2	4	7	14	28			
28	29の約数は	29							
29	30の約数は	2	3	5	6	10	15	30	
30									

練習問題 5-2

〔シート〕

◢	A	B	C	
1		単価（円）	個数（個）	
2	バナナ	150	1	
3	みかん	100	0	
4	なし	190	2	
5	メロン	500	0	
6	かき	200	3	
7	すいか	380	4	
8	キウイ	170	0	
9	もも	240	5	
10	ぶどう	400	6	
11	いちじく	350	7	
12				
13	入金	10000		
14				

〔プログラム〕

```
Sub Macro()
    Dim i As Integer, m As Integer, a As Integer, c As Integer
    Dim N(10) As String
    Dim P(10) As Integer
    a = 0
    For i = 0 To 9
        N(i) = Cells(i + 2, 1).Value
        P(i) = Cells(i + 2, 2).Value
    Next i
    For i = 0 To 9
        m = Cells(i + 2, 3).Value
        If m <> 0 Then a = a + P(i) * m
    Next i
    c = Cells(13, 2).Value
    Cells(14, 1).Value = " 支払総額 "
    Cells(14, 2).Value = a
    Cells(15, 1).Value = " おつり "
    Cells(15, 2).Value = c - a
End Sub
```

〔実行結果〕

実行結果は次のようになります。

	A	B	C
1		単価（円）	個数（個）
2	バナナ	150	1
3	みかん	100	0
4	なし	190	2
5	メロン	500	0
6	かき	200	3
7	すいか	380	4
8	キウイ	170	0
9	もも	240	5
10	ぶどう	400	6
11	いちじく	350	7
12			
13	入金	10000	
14	支払総額	8700	
15	おつり	1300	
16			

第6章

練習問題 6-1

例題 6-1 ～ 6-3 を参考に、プログラムを作成してみましょう。

練習問題 6-2

〔プログラム〕

```
Sub Macro()
    Dim N, M, cnt As Integer
    For N = 2 To 30
        Cells(N - 1, 1).Value = N & " の約数は "
        cnt = 1
        For M = 2 To N
            If N Mod M = 0 Then
                Cells(N - 1, 1).Select
                ActiveCell.Offset(0, cnt).Value = M
                cnt = cnt + 1
            End If
        Next M
    Next N
End Sub
```

〔実行結果〕

実行結果は次のようになります。

	A	B	C	D	E	F	G	H
1	2の約数は	2						
2	3の約数は	3						
3	4の約数は	2	4					
4	5の約数は	5						
5	6の約数は	2	3	6				
6	7の約数は	7						
7	8の約数は	2	4	8				
8	9の約数は	3	9					
9	10の約数は	2	5	10				
10	11の約数は	11						
11	12の約数は	2	3	4	6	12		
12	13の約数は	13						
13	14の約数は	2	7	14				
14	15の約数は	3	5	15				
15	16の約数は	2	4	8	16			
16	17の約数は	17						
17	18の約数は	2	3	6	9	18		
18	19の約数は	19						
19	20の約数は	2	4	5	10	20		
20	21の約数は	3	7	21				
21	22の約数は	2	11	22				
22	23の約数は	23						
23	24の約数は	2	3	4	6	8	12	24
24	25の約数は	5	25					
25	26の約数は	2	13	26				
26	27の約数は	3	9	27				
27	28の約数は	2	4	7	14	28		
28	29の約数は	29						
29	30の約数は	2	3	5	6	10	15	30
30								

練習問題 6-3

〔シート〕

	A	B	C
1	日目	貯金額	総額
2			
3			
4			
5			
6			
7			
8			
9			
10			
11			
12			
13			
14			
15			
16			
17			
18			
19			
20			
21			
22			
23			

〔プログラム〕

```
Sub Macro()
    Dim S As Long, D As Long, N As Long
    S = 0
    D = 1
    N = 1
    While S < 1000000
        S = S + D
        Cells(N + 1, 1).Select
        ActiveCell.Value = N & "日目"
        ActiveCell.Offset(0, 1).Value = D & "円"
        ActiveCell.Offset(0, 2).Value = S & "円"
        D = D * 2
        N = N + 1
    Wend
    ActiveCell.Offset(1, 0).Value = "100万円を超えるのは"
```

```
        ActiveCell.Offset(1, 1).Value = (N - 1) & "日目"
End Sub
```

〔実行結果〕

実行結果は次のようになります。

	A	B	C	
1	日目	貯金額	総額	
2	1日目	1円	1円	
3	2日目	2円	3円	
4	3日目	4円	7円	
5	4日目	8円	15円	
6	5日目	16円	31円	
7	6日目	32円	63円	
8	7日目	64円	127円	
9	8日目	128円	255円	
10	9日目	256円	511円	
11	10日目	512円	1023円	
12	11日目	1024円	2047円	
13	12日目	2048円	4095円	
14	13日目	4096円	8191円	
15	14日目	8192円	16383円	
16	15日目	16384円	32767円	
17	16日目	32768円	65535円	
18	17日目	65536円	131071円	
19	18日目	131072円	262143円	
20	19日目	262144円	524287円	
21	20日目	524288円	1048575円	
22	100万円を超えるのは	20日目		
23				

第7章

練習問題 7-1

	A	B	C
1	氏名	英語	偏差値
2	赤井	64	
3	安藤	82	
4	青山	98	
5	有吉	76	
6	浅井	83	
7	浅野	63	
8	浅岡	73	
9	千葉	9	
10	江口	88	
11	遠藤	94	
12	藤井	39	
13	藤木	45	
14	藤原	21	
15	福永	58	
16	船橋	99	
17	古川	17	
18	二村	82	
19	花井	38	
20	原田	88	
21	橋本	100	
22	平均		
23	標準偏差		
24			

〔プログラム〕

```
Sub Macro()
    Dim i As Integer
    Range("B22").FormulaR1C1 = "=AVERAGE(R[-20]C:R[-1]C)"
    Range("B22").NumberFormatLocal = "###.##"
    Range("B23").FormulaR1C1 = "=STDEVP(R[-21]C:R[-2]C)"
    Range("B23").NumberFormatLocal = "###.##"
    For i = 2 To 22
        Cells(i, 3).FormulaR1C1 = "=(RC[-1]-R22C[-1])*10/R23C[-1]+50"
        Cells(i, 3).NumberFormatLocal = "###.##"
    Next i
End Sub
```

〔実行結果〕

実行結果は次のようになります。

	A	B	C
1	氏名	英語	偏差値
2	赤井	64	49.34
3	安藤	82	55.77
4	青山	98	61.48
5	有吉	76	53.63
6	浅井	83	56.13
7	浅野	63	48.98
8	浅岡	73	52.55
9	千葉	9	29.69
10	江口	88	57.91
11	遠藤	94	60.05
12	藤井	39	40.41
13	藤木	45	42.55
14	藤原	21	33.98
15	福永	58	47.2
16	船橋	99	61.84
17	古川	17	32.55
18	二村	82	55.77
19	花井	38	40.05
20	原田	88	57.91
21	橋本	100	62.2
22	平均	65.85	50.
23	標準偏差	28.	
24			

Index

日商プログラミング検定STANDARD　ＶＢＡ
公式ガイドブック　新装版

2019年5月31日　初　版　第1刷発行
2023年3月25日　新装版　第1刷発行

編　著　者	日 本 商 工 会 議 所	
	プログラミング検定研究会	
発　行　者	多　田　敏　男	
発　行　所	TAC株式会社　出版事業部	
	（TAC出版）	

〒101-8383
東京都千代田区神田三崎町3-2-18
電　話 03（5276）9492（営業）
FAX 03（5276）9674
https://shuppan.tac-school.co.jp

組　　　版	株式会社　リブロワークス	
印　　　刷	株式会社　ワコープラネット	
製　　　本	東 京 美 術 紙 工 協 業 組 合	

© JCCI 2023　　　Printed in Japan　　　　ISBN 978-4-300-10618-1
N.D.C. 007